책으로

세상을 말하다

이 시대에 읽어야 할 명저 강의

이 도서의 국립중앙도서관 출판시도서목록(CIP)은 e-CIP홈페이지(http://www.nl.go.kr/ecip)
에서 이용하실 수 있습니다. (CIP제어번호: CIP2011002845)

책으로
세상을 말하다

이 시대에 읽어야 할 명저 강의 ╲ 박찬운 지음

한울

배우는 즐거움, 실천하는 즐거움

내가 법학을 공부한 지 올해로 만 30년이다. 꽤 긴 세월이다. 법률 실무가로도 20여 년 이상을 일해 왔다. 지금 나는 로스쿨에서 미래의 법률가들을 가르치고 있다.

곰곰이 생각하면 나는 누구에게 내놓을 만한 재주를 가지지 못한 사람이다. 그럼에도 한 가지 스스로 자부하는 것이 있다면 호학(好學)이다. 배우기를 즐기며 그것을 실천적으로 적용해 나가는 데는 나름대로 일가견이 있다고 생각한다. 어려서부터 의문이 많았고 그것을 풀지 않으면 잠이 오지 않았다. 그 버릇은 지천명(知天命)이 된 지금도 다름이 없다.

이러한 나의 습성은 평소 존경하는 버트런드 러셀의 열정과 비슷하다. 러셀은 만년에 쓴 그의 자서전에서 자신의 인생을 지배해온 세 가지 열정을 이야기하면서 두 번째로 진리에 대한 정열을 이야기했다. 그곳에서 그는 감동적인 회고를 한다.

"하늘에 반짝이는 별들이 왜 반짝이는지, 삼라만상의 이면에는 수의 원리가 있다고 말한 피타고라스의 말을 알고 싶었다." 그렇다. 나도 관심사는 다르지만 러셀과 같은 열정을 어릴 적부터 지금에 이르기까지 간직하면서 살아왔다.

법학을 오랫동안 공부하면서 무언가 큰 부족함을 느꼈다. 내가 공부한 법학은 세상의 질서를 회복시키는 규범학인데, 우리의 교육이 잘못되었는지, 천편일률적으로 그 내용이 기능적이고 기술적이라는 데 문제가 있다. 나는 언젠가부터 그 규범의 이면을 알고 싶었다. 그렇지 않고서는 그 규범의 의미를 정말로 안다고 할 수 없었다. 하지만 아쉽게도 국내의 법학서적은 나의 그런 욕구를 충족시키지 못했다. 법학을 하는 동료들과의 대화에서도 시원한 답을 찾을 수가 없었다. 무엇인가 다른 방법론이 필요했다.

2006년 나는 학교로 직장을 옮겼다. 그곳에 오기까지 먼 길을 돌아온 것이다. 그때부터 실무가로서 이리 뛰고 저리 뛰는 삶이 아니라 연구실을 내 삶의 근거지로 하는 조용한 삶이 시작되었다. 단순한 삶이 시작된 것이다. 여기에서 나는 새로운 공부에 도전했다. 평소에 읽지 못한 책을 읽기 시작한 것이다. 물론 평생 책을 읽어왔다고 자부하지만 이때부터의 독서는 다른 것이었다. 법서를 조금 멀리하고 다른 분야의 책들을 찾아 읽어가기 시작했다. 약간의 외도로 보였지만 법학을 깊이 있게 이해하고자 하는 나름의 방법론이기도 했다.

지난 5년 동안 대략 500여 권의 책을 읽었다. 주로 교양서적이었다. 옛날 학창시절 읽었던 책도 다시 내어서 읽어보았다. 예전에는 느끼지 못했던, 이해하지 못했던 내용들도 이제는 이해가 되었다. 희열을 느꼈

다. 아주 치열하게 읽었다. 알고 싶은 것이 너무나 많았다. 나는 읽고
또 읽었다. 그중 많은 책들을 고시 공부하듯이 읽었다. 밑줄을 치고 때
론 서브노트를 하기도 했다. 한 권을 읽더라도 그 내용을 철저히 내 것
으로 만들려고 노력했다. 이러다 보니 때론 어려움도 많았다. 사람 만
나는 일을 절제했고 음주가무도 삼갔다.

그렇지만 이 시간은 내 인생에서 가장 즐거운 순간들이었다. 공자님
말씀대로, "학이시습지 불역열호(學而時習之 不亦說乎; 배우고 때로 익히
니 즐겁지 아니한가)"라는 말이 새삼스러웠다. 그러나 이 말은 단순히 공
부하는 즐거움을 이야기하는 것은 아니라고 생각한다. 신영복 선생이
그의 『강의』에서 말했듯이 이 말은 "배우고 적시에 실천하는 것을 즐
긴다"라는 말로 새기는 것이 옳다. 나는 독서를 통해 내 인생을 즐기지
만 거기에는 하나의 책임감이 있다. 독서를 통한 지식을 어떻게 실천하
느냐이다.

지난 겨울 나는 독서의 결과물을 내놓기 시작했다. 그동안 읽은 책
중에서 최고의 책들을 뽑아 인터넷신문 ≪오마이뉴스≫에 '이 시대에
읽어야 할 명저 강의'라는 연재물을 쓰기 시작한 것이다. 글의 의도는
명저를 통한 세상 보기였다. 단순한 책 소개가 아니라 그 책을 내가 어
떻게 이해했으며 그것을 통해 나는 세상을 어떻게 보았는지를 정리하
는 글이었다. 이것이 내겐 '배우고 실천하는 즐거움' 바로 그것이었다.

내가 이 강의를 통해 소개한 책들은 두 가지 선택기준을 통과한 —
사실 이것이 나의 독서를 위한 책 선택 기준이기도 하다 — 책이었다. 첫째는
30년 정도는 지적 동반자가 될 수 있는 책이어야 한다는 것이다. 세상
에는 읽어야 할 책이 너무 많다. 하지만 우리에겐 그 모든 책을 다 읽을

수 있는 시간이 없다. 그러니 그 많은 책 중에서 독서의 선배가 꼭 읽어보라고 하는 책은 그냥 좋은 책이어서는 부족하다. 좋은 책 이상이 되어야만 했다. 둘째는 책을 통해 세상을 볼 수 있는, 말할 수 있는 책이어야 한다는 것이다. 단순히 지적 호기심을 만족시키는 책이 아니라 그 책을 통해 나의 관점을 만들 수 있는 그런 책을 권하고 싶었다. 그래야만 '배우고 실천하는 즐거움'을 맛볼 수 있기 때문이다. 그런데 이런 기준을 통과할 수 있는 책은 의외로 적었다. 아마 내가 읽은 500여 권의 책 중에서 10분의 1도 못 되리라.

어느새 '명저 강의' 연재가 한 권의 책으로 엮어질 분량이 되었다. 그래서 감히 제1권을 출간하기로 했다. 무릇 이 책이 세상에 전파되어 책을 읽고자 하는 사람들의 지적 호기심을 자극하고 나아가 자기의 견해를 만들어가는 데 도움이 되었으면 좋겠다. 그런 사람이 많아야 이 나라가 제대로 된다. 책을 읽는 사람들이 많아야 나라가 사는 법이다.

이 책을 내는 데 큰 힘이 되어준 '민주사회를 위한 변호사 모임(민변)'의 독서모임 회원들에게 감사함을 전한다. 이 모임은 민변의 회원 변호사뿐만 아니라 의사, 방송인, 기업인, 학생 등이 정기적으로 모여 이 시대에 읽어야 할 책을 놓고 밤늦게까지 토론하는 모임이다. 얼마 전 100회 모임을 가졌다. 나는 이 모임에 참가할 때마다 우리나라의 건강한 미래를 확신한다. 이 책에서 소개한 몇 권의 책은 이 모임에서 진지하게 토론했던 책이기도 하다. 거듭 회원 여러분들에게 감사한다. 모임을 계속하여 앞으로 200회, 300회 독서 모임으로 발전하길 바란다.

연재물 '명저 강의'가 책으로 출판된다는 것을 알고 '강의를 듣고'라는 형식으로 특별기고를 해준 한양대 로스쿨 학생 김연정 씨와 강경민 씨 그리고 고려대 대학원의 국제법 박사과정에 있는 오시진 씨에게 감사한다. 이들의 참여가 있어 이 책이 한결 함께 나눌 수 있는 교양서로 거듭나게 되었다.

끝으로 이 책의 출간을 결정하고 정성들인 편집을 해준 도서출판 한울의 관계자 분들과 대중과 글로써 소통할 수 있게 해주고 결국 그것이 책으로 출판될 수 있도록 디딤돌 역할을 해준 오마이뉴스 관계자분들에게 감사의 말을 전한다.

2011년 5월
산철쭉과 영산홍 그리고 라일락의 꽃 대궐
한양대 행당동 캠퍼스에서
박찬운

차 례

제 1 강

훌륭한 삶이란
어떤 것인가

Bertrand Russell

누구나 훌륭한 삶을 살기를 원한다. 그런데 그것이 쉽지 않다. 이럴 때 누군가를 나의 롤 모델로 정할 수 있다면 그 사람은 내 인생의 좌표가 될 수 있다. 나는 '명저 강의'를 시작하면서 이 본질적인 문제부터 강의하고자 한다. 그래서 제1강에서는 한 권의 책을 선정하여 소개하는 것이 아니라 한 위대한 인물을 소개하기로 한다. 그 이름은 버트런드 러셀이다. 이 글에서 소개되는 러셀의 주요 저작은 하나하나 소개해도 될 정도로 훌륭하다. 버트런드 러셀에 대해 좀 더 알고자 하는 사람들은 다음 책들을 읽어보기 바란다.

추천 도서: 『러셀 자서전(상, 하)』(송은경 옮김); 『서양철학사』(서상복 옮김); 『결혼과 성』(김영철 옮김); 『행복의 정복』(이순희 옮김); 『나는 왜 기독교인이 아닌가』(송은경 옮김)

버트런드 러셀의 세 가지 열정

"사랑하라, 진리를 추구하라, 인류의 고통을 외면하지 말라"

나는 버트런드 러셀을 존경하고 사랑한다. 내가 그를 제대로 안 때로부터 '나는 러셀처럼 살다가, 러셀처럼 죽고 싶다'는 꿈을 간직해왔다. 오늘 나는 그에 대해 이야기하고자 한다.

아래의 말은 오래 전부터 우리 젊은이들에게 꼭 하고 싶었던 것이다. 러셀이 보내는 메시지다. 나는 학기 초가 되면 다음과 같은 러셀의 말로 수업을 시작한다.

단순하지만 누를 길 없이 강렬한 세 가지 열정이 내 인생을 지배해왔으니, 사랑에 대한 갈망, 지식에 대한 탐구욕, 인류의 고통에 대한 참기 힘든 연민이 바로 그것이다.

Three passions, simple but overwhelmingly strong, have governed my life: the longing for love, the search for knowledge and unbearable pity for the suffering of mankind.

이 말은 러셀이 나이 아흔이 넘어 쓴 『러셀 자서전(상, 하)』의 서문에 나오는 첫 문장이다. 이 말을 듣고 감동하지 않는 사람이라면 인생을 좀 더 진지하게 살아보아야 할 것이다. 이 말을 듣고 전율을 느끼는 사람이라면, '그래 러셀처럼 살아보라', '당신과 이 나라에 희망이 보인다'라고 나는 감히 말하고 싶다. 금세기 미국의 지성이자 양심으로 불리는 노엄 촘스키가 있는 미국 MIT 연구실에도 러셀의 이 말이 붙어 있다고 한다. 촘스키는 말한다. 러셀의 세 가지 열정은 바로 자신의 좌우명이라고.

연인에 대한 사랑, 그 열정을 갈망하자

내가 러셀을 좋아하는 이유 중의 하나는 그가 지극히 인간적이기 때문이다. 이것은 그가 사랑의 열정이 자신을 지배한 첫 번째 열정이었다고 하는 것에서 알 수 있다. 만일 러셀의 생애가 그 뛰어난 지성만을 보여주었더라면 나는 그를 존경하기는 했겠지만 사랑하지는 않았을 것이다.

러셀은 젊은 시절 빅토리아 여왕이 통치하는 영국의 귀족 집안에서 자랐다. 당시 영국 사회의 도덕률은 지금과는 사뭇 다른 것이었다. 인간의 본능은 중시되지 않았고 이성의 통제 대상으로만 생각되었다. 하지만 그것은 허위의식에 가득 찬 도덕관념에서 비롯된 것이었다. 이런 가운데서도 그는 본능에 기초한 남녀의 사랑을 강조했다. 자유연애를 지지했고 사랑하는 사람들 사이를 가로 막는 어떤 가식도 허용하지 않

았다.

　도덕주의자들은 그가 몇 번이나 이혼을 하고 주변에 여러 연인을 거
느린 것을 두고 부도덕한 사람이라고 몰아쳤지만 그는 인간의 사랑의
감정은 그렇게 단순한 것도 아니고, 그렇게 단순한 도덕 기준에 의해
사라지는 것도 아니라 했다. 러셀은 연인과의 사랑이야말로 성인들과
시인들이 그려온 천국의 모습이라고 찬미했고, 연인과 나눈 그 짧은 사
랑마저 세상의 무엇과도 바꿀 수 없는 소중한 것이었다고 고백했다.

　　사랑의 회열이 얼마나 대단한지 그 기쁨의 몇 시간을 위해서라면 여
　생을 모두 바쳐도 좋으리라 …… 생각했다. 『러셀 자서전(상)』, 서문

　그러나 이것은 기억하자. 러셀이 무분별한 자유연애주의자가 아니
란 사실을. 그는 분명히 말한다. 연인 사이에 아이가 있는 경우 그 아이
에 대한 책임은 무한한 것이라고. 그러니 책임 있는 사랑을 해야 한다

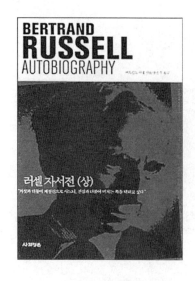

고. 그리고 그는 말한다. 진정으로 가치 있는 성적 관계는 두 사람의 모든 인격이 융합하여 새로운 공동의 인격을 형성하는 관계라는 것을.

행복하게 서로 사랑하는 사람끼리의 깊은 친밀감과 굳센 일체감을 맛보지 못한 사람은 인생을 논할 수 없다. 우리가 긴 인생을 살 수 있는 것은 바로 그런 감정이 있기 때문이다. 러셀은 나이 아흔이 넘어 이것을 진실된 마음으로 고백한다. 일흔이 넘어 마지막 연인으로 만난 이디스(Edith)에게 러셀은 자서전의 첫 장에서 감동적인 시로 사랑을 표현한다.

이디스에게

오랜 세월
평온을 찾아 헤맸소.
인생의 환희도, 고통도 만났다오.
인간의 광기를 목도했고
고독함이 무엇인지도 알았소.
내 심장을 갉아 먹던 그 외로움의 고통도 느꼈다오.
그러나 나는 결코 평온을 발견하지는 못했소.

이제, 나, 늙고 갈 날이 얼마 남지 않았는데

당신을 알아

인생의 환희와 평온을 찾았다오.

그리고 쉼을 얻었소.

그토록 외로운 세월 끝에

인생이, 사랑이 무엇인지 드디어 알았다오.

나, 이제 잠든다 해도

여한은 없을 것이오. _ 필자 번역

죽기 전에 우리도 이런 시를 쓸 수 있다면 얼마나 좋을까. 그러니 이런 시를 바칠 수 있는 연인이 있다면 정녕 감사하라. 이런 연인이 없다면 어딘가에 있을 그 연인 찾기를 쉬지 말라. 참으로 아름다운 사랑의 열정이 우리 삶의 원동력이라는 것을 잊지 말라.

별이 빛나는 이유를 알고 싶은가

러셀을 존경할 수밖에 없는 두 번째 이유는 그의 진리추구에 대한 열정 때문이다. 누구나 진리추구를 이야기한다. 그러나 그것은 왠지 의무감에서 나오는 소리로 들린다. 내게 큰 공감으로 다가오지 않는다.

그런데 러셀은 다르다. 그는 자서전에서 아주 어린 시절, 기억도 나지 않는 그 시절부터 "하늘에 반짝이는 별들이 왜 반짝이는지, 삼라만상의 이면에는 수의 원리가 있다고 말한 피타고라스의 말을 알고 싶었다"라고 썼다. 우리 젊은이들이 이 말을 각자의 가슴 속에 감동적으로 받아들일 수 있다면 나는 진리추구에 대한 열정을 더 이상 설명하지 않을 것이다.

러셀은 어린 시절부터 호기심이 많았다. 그 호기심은 단순한 것이 아니었다. 그는 항상 본질적인 것을 추구했다. 들어난 것 이면에 있는 그 무엇인가를 알고자 했다. 그것이 바로 러셀을 당대 최고의 수학자로 만든 원동력이었다.

『수학의 원리(Principia Mathematica)』는 본질적인 것을 수로써 풀어 보고자 하는 러셀의 꿈을 그린 책이다. 그것은 뉴턴이 만유인력을 기술한 『프린키피아』에 도전하는 또 다른 '프린키피아'(원리)였다. 그는 이 책을 그의 스승이자 친구인 화이트헤드와 함께 썼는데 무려 10여 년에 걸친 각고의 노력 끝에 완성했다. 그는 자서전에서 이 책을 쓰는 데 얼마나 어려웠는지, 그리고 그것이 얼마나 대단한 작업이었는지를 이렇게 회고했다.

> 1907년에서 1910년까지, 나는 1년에 8개월 정도 매일 10시간에서 12시간씩 작업을 했다. 원고가 점점 방대해지자 산책길에 나설 때마다 집에 불이 나 원고가 타버리지 않을까 염려하곤 했다. …… 마침내 그것을 대학 출판부로 옮겨가게 되었을 때, 양이 얼마나 엄청났던지 낡은 4륜 마차까지 대령시켜야 했다. 『러셀 자서전(상)』, 269쪽

그의 지적 탐구는 나이 마흔을 넘기면서 철학으로 이어진다. 수학으로 해결할 수 없는 인간과 자연의 본질에 대한 그의 진리탐구는 우리가

영원한 명저로 이야기하는 『서양
철학사』에서 볼 수 있다. 1,000여
쪽에 이르는 그 방대한 책을 보고
있노라면 한 인간의 지적 깊이가
얼마나 대단한지 경탄하지 않을
수 없다.

　그는 철학의 세계를 '신학과 과
학 사이에 자리 잡고 양측의 공격
에 노출된 채, 어느 편에도 속하지
않는 무인지대'라고 정의하면서
2,000년 철학의 역사를 유려한 필치로 그려 나갔다. 그는 어떤 대철학
자에 대해서도 결코 주눅이 드는 법이 없었다. 칸트마저 러셀에게는 위
대한 철학자가 될 수 없었다. 서양철학 전체를 뚫어 보는 혜안이 있었
기에 가능한 러셀만의 자신감이었다.

　러셀의 진리추구는 그를 철저한 자유주의자로 만들었다. 어떤 것도
그 앞에서는 권위가 될 수 없었다. 그는 어떤 상황에서도 절대적인 사
상에는 머리를 저었고 자신의 이성을 믿으며 책임 있는 행동을 강조했
다. 그럼, 그가 추구한 자유주의란 무엇일까. 그는 자유주의자 10계명
이라는 글로 이것을 정리한 적이 있다. 이 중 몇 가지만 소개해보자.

　1. 어떤 것을 절대적으로 확신하지 말라.

　　　……

　4. 반대에 부딪힐 경우, 설사 반대자가 당신의 아내나 자식이라 하더라

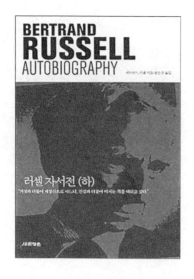

도, 권위가 아닌 논쟁을 통해
극복하도록 노력하라. 권위
에 의존한 승리는 비현실적
이고 실체가 없기 때문이다.

5. 다른 사람의 권위를 존중하
지 마라. 그 반대의 권위들이
항상 발견되기 마련이니까.

......

7. 견해가 유별나다고 해서 두
려워하지 마라. 지금 인정하

고 있는 모든 견해들이 한때는 유별나다는 취급을 받았으니까.

......

9. 비록 진실 때문에 불편할지라도 철저하게 진실을 추구하라.

10. 바보의 낙원에 사는 사람들의 행복을 절대로 부러워하지 말라. 오직
바보만이 그것을 행복으로 생각할 테니. 『러셀 자서전(하)』, 286~287쪽

러셀의 진리추구에서 중요한 것은 철학 자체의 지적 탐구가 아니었
다. 중요한 것은 철학하는 자세였다. 우리나라에 흔히 철학교수는 많은
데 철학자는 없다고들 한다. 우리에게 철학하는 자세가 부족하다는 말
이다. 러셀은 누구나 철학자가 될 수 있다고 말한다. 철학하는 자세를
가지면 되기 때문이다. 그러니 우리의 젊은이여, 본질을 보라. 본질을
꿰뚫어라. 그것을 위해 고뇌하라. 그것이 바로 진리를 추구하는 자세일
지니.

인류의 고통에 대한 참을 수 없는 연민

러셀의 위대한 업적은 바로 세 번째 열정인 인류의 고통에 대한 참을 수 없는 연민으로 나타난다. 그는 감옥에도 갔다 왔다. 그는 양심범이었다. 백작이었던 러셀이 어찌하여 그런 고통을 스스로 선택했는가. 제1차 세계대전이 일어나자 그는 반전평화운동에 뛰어든다. 무의미한 전장에서 죽어가는 젊은이들을 대신하여 병역에 반대하는 글을 쓴다. 이렇게 하여 그는 고난의 길을 선택한다. 제2차 세계대전이 미국의 가공할 원자폭탄으로 끝을 맺자, 그는 핵철폐운동을 주도한다. 아흔이 넘은 나이에도 그의 활동은 멈추지 않았다. 베트남 전쟁이 일어나자 그것은 인류의 양심에 반한 전쟁이라 선언하고 세계의 양심을 모았다. 이름하여 '러셀 민간법정'이다. 그는 이 법정을 통해 이 전쟁에 책임 있는 자들에 대해 전범의 딱지를 붙인다.

이런 삶은 참으로 쉽지 않다. 어린 시절 그는 끝이 보이지 않는 숲을 가진 대저택에서 자라났다. 현직 수상이 저택을 방문하여 자고 가는 그런 집안이었다. 그의 할아버지는 수상을 두 번이나 지낸 분이고 아버지는 『자유론』의 저자인 존 스튜어트 밀의 제자이자 친구였다. 그의 어머니는 당대의 최고 철학자들을 집안으로 초대해 대화를 나누었다. 이런 가문에서 배출된 그가 귀족의 영화를 누리지 않고 인류의 고통에 대해 참을 수 없는 연민을 갖고 산 것을 단순히 '노블리스 오블리주' 정신을 실천했다는 것으로 설명하기는 어려울 것이다.

요즘 강남좌파라는 말이 유행한다. 진보적 성향을 가진 지식인 중 강남에서 사는 사람을 일컫는 말이다. 조금은 비꼬는 말로도 들리지만, 나

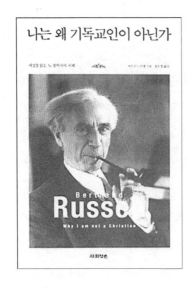

는 제대로 된 강남좌파가 이 사회에 필요하다고 믿는다. 비록 가난한 사람 입장에서는 넘을 수 없는 장벽을 느끼겠지만 언제나 가슴을 열고 민중에게 다가가는 지식인, 비록 자신의 모든 것을 던지지는 못하지만 — 그것까지 다 내놓으라고 하면 너무 가혹하지 않은가 — 참된 인생의 길을 나보다 어려운 사람과 더불어 가고자 하는 사람, 그런 강남좌파가 많으면 많을수록 좋겠다. 러셀을 보면서 느끼는 바람이다.

러셀의 세 번째 열정을 이야기할 때 기독교를 빼놓을 수 없다. 그는 영국 국교회, 장로교 및 유니테리언파라고 하는 개신교의 영향을 받으며 어린 시절을 보냈다. 누구보다도 기독교에 대한 이해가 깊은 사람이었다. 그러나 그는 일찌감치 기독교와 결별한다. 그 이유는 그가 평생 추구한 자유주의적 회의론에서 찾을 수 있지만 기독교가 현실적 책임을 다하지 못해왔다는 데도 큰 원인이 있었다.

그는 세상에서 오는 공포감에 비굴하게 굴복할 것이 아니라 지성으로 그것을 극복할 것을 유난히 강조했다. 이 말에 대해 많은 기독교인들은 동의하기 힘들어 하겠지만 기독교가 현실을 직시하고 세상을 변화시키기 위해 노력해야 한다는 주장은 새겨들을 만하지 않은가. 세계에서 가장 십자가가 많은 우리나라의 기독교인들에게 주는 경고라고 생각한다. 기독교인들은 지금 현실에서 행동해야 한다.

세상을 있는 그대로 보되 두려워하지는 말라. …… 우리는 굳건히 서서 이 세계를 진솔하게 직시해야 한다. 있는 힘을 다해 세상을 최선의 것으로 만들어야 한다. 『나는 왜 기독교인이 아닌가』, 41쪽

러셀의 비전이 우리 젊은이의 비전으로

나는 간단하게나마 러셀의 삶을 그의 좌우명을 통해 그려보았다. 대한민국의 젊은이들이여, 러셀의 생애가 어찌 보이는가. 러셀의 비전이 우리 젊은이들의 비전이 될 수는 없을까. 그리할 수 있다면 이 나라, 대한민국은 분명 행복한 나라가 될 것이다.

나는 개인적으로나 사회적으로나 비전을 좇아 살아왔다. 개인적으로는 고귀한 것, 아름다운 것, 온화한 것을 좋아했고, 더욱 더 세속화된 시대에 지혜를 줄 수 있는 통찰의 순간들을 두고자 했다. 사회적으로는 개인들이 거리낌 없이 성장하는 사회, 증오와 탐욕과 질시가 자랄 토양이 없어 죽어버린 사회의 탄생을 그렸다. 『러셀 자서전(하)』, 563쪽

바로 이것이 '사랑으로 고무되고 지식으로 인도되는 삶'을 살아온 러셀의 비전이다. 이 비전이 우리 젊은이들의 비전이 될 것을 고대하며 펜을 놓는다.

버트런드 러셀은 누구인가

버트런드 러셀(Bertrand Russell)은 1872년 영국 웨일스에서 태어났다. 그의 조부인 존 러셀은 백작이며 빅토리아 여왕 시절에는 두 번에 걸쳐 수상을 역임했다. 부모인 존과 엠벌리 부부는 러셀이 어린 시절 모두 사망했지만 당대의 대표적인 자유주의자였다. 아버지는 『자유론』의 저자 존 스튜어트 밀의 제자이자 친구였고 어머니는 당대의 모든 철학자를 집으로 초청하여 대화를 즐겼다고 한다.

러셀은 케임브리지 대학 트리니티 칼리지에서 수학과 도덕철학을 공부했다. 그는 10년에 걸쳐 자신의 스승이자 친구인 화이트헤드와 함께 유클리드의 『기하학 원론』에 필적하는 『수학의 원리』를 출간했다. 제1차 세계대전이 발발하자 그는 반전운동에 가담했고 그로 인해 옥고를 치르기도 했다. 그 후 러셀은 철학자로서, 교육자로서, 문학가로서, 반전평화운동가로서의 삶을 살아간다.

러셀이 1945년에 쓴 『서양철학사』는 서양철학의 흐름을 알려주는 걸작이고 이 외에도 철학 · 수학 · 과학 · 윤리학 · 사회학 · 교육 · 역사 · 종교 · 예술에 이르는 다양한 분야의 책을 쉬지 않고 출간했다. 1950년대에는 핵철폐운동에 혼신을 다했고 베트남 전쟁이 일어나자 미국을 비판하는 러셀 민간법정을 조직하기도 했다. 러셀은 1970년 2월 2일 98세의 나이로 영국 웨일스에서 사망했다.

국민으로 살 것인가,
인간으로 살 것인가

Henry David Thoreau

제2강은 '국민으로 살 것인가, 인간으로 살 것인가'라는 주제다. 우리는 국가 속에서 살아간다. 그런데 국가는 우리의 자유를 구속하는 원흉이기도 하다. 국가 바깥에서 혼자 살 수 없는 것이 우리의 운명이지만 그렇다고 국가가 나의 권리를 아무렇게나 제한하는 것을 그대로 두고 볼 수는 없다. 국가 속에서 한 인간으로 살아가고자 하는 나의 권리와 자유를 국가의 목적에 비추어 생각해보는 것은 인권을 생각하는 사람들에게는 가장 기초적인 숙제다. 한 번쯤은 심각하게 고민할 가치가 있는 주제가 아니겠는가.

나는 '국민'이기에 앞서 '인간'이고 싶다

헨리 데이비드 소로의 『시민의 불복종』에서 배우는 '불복종'의 권리

국민으로 살 것인가, 인간으로 살 것인가

얼마 전 국방부에서 시중 서점 어디에서도 볼 수 있는 책들을 금서로 정한 다음 군인들에게 읽지 못하게 하는 일이 일어났다. 이에 대해 뜻 있는 군법무관들이 그런 것은 헌법상의 사상·양심의 자유를 침해하는 것이라면서 헌법재판소에 헌법소원을 제기했다. 그런데 유감스럽게도 헌법재판소는 이를 기각했다. 결국 국방부의 그런 조치가 대한민국 땅에서 허용된다는 것이다. 독자 여러분은 이에 동의하는가. 만일 동의한다면 더 이상 이 글을 읽을 필요가 없다. 그러나 절대로 동의할 수 없다고 생각한다면 이 글은 독자 여러분을 위한 것이다.

나는 위 사건을 보면서 이런 생각을 해보았다. '나는 국민으로 살 것인가, 인간으로 살 것인가.' 만일 당신이 어떤 책을 보고 싶은데 국가가 그 책을 불온도서로 규정했다 치자. 이 때 그 책을 읽지 못하는 것이 당

국방부가 선정한 불온서적 목록

선정 이유	책 이름	저자
북한 찬양	북한의 미사일 전략	전용호
	북한의 우리식 문화	주강현
	지상의 숟가락 하나	현기영
	역사는 한 번도 나를 비껴가지 않았다	허영철
	왜 80이 20에 지배당하는가?	박준성 등
	북한의 경제발전 전략	전영호
	통일, 우리 민족의 마지막 블루오션	전상봉
	벗	백남룡
	미국이 진정으로 원하는 것은	노엄 촘스키
	대학시절	–
	핵과 한반도	최안욱
반정부 / 반미	미군 범죄와 한미 SOFA	주한미군범죄근절운동본부
	소금 꽃나무	김진숙
	꽃 속에 피가 흐른다	김남주
	507년, 정복은 계속된다	노엄 촘스키
	우리 역사 이야기	조성오
	나쁜 사마리아인들	장하준
	김남주 평전	강대석
	21세기 철학 이야기	21세기코리아연구소
	대한민국사	한홍구
	우리들의 하느님	권정생
반자본주의	세계화의 덫	하랄드 슈만 등
	삼성왕국의 게릴라들	프레시안

자료: 《한겨레신문》

연하다고 생각하면 당신은 철저한 '국민'이다. 이런 사람은 국가가 읽지 말라는 책을 왜 읽느냐고 오히려 반문할지도 모른다. 그런데 또 이런 사람도 있다. 내가 책을 읽는 데 국가의 승인을 왜 받아야 하냐고. 도대체 국가가 무엇이건대 내가 책 읽는 일까지 참견하느냐고. 이런 사람은 책을 읽는 것은 전적으로 '나' 개인의 일이지 국가의 일이 아니라고 생각한다. 바로 이 사람이 '인간'으로 살아가는 사람이다.

이런 생각을 좀 연장하면 우리의 국가보안법의 정당성 여부에 이른다. 국보법은 금서를 인정한다. 어떤 책이 '반국가단체(북한)를 이롭게 할 목적'으로 만들어졌다면 그것은 금서이며, 그것을 읽는 것은 엄격히 금지된다. 그것을 위반하면 국가의 엄격한 제제(형벌)를 받게 된다. 그러니 이 법률을 당연시한다면 당신은 철저한 '국민'이다. 이 법률을 반대한다면 당신은 '인간'으로 살기를 원하는 것이다. 그러나 그에는 대가가 따른다. 감옥에 갈지도 모를 무시무시한 대가이다. 이제 독자들에게 묻는다. '당신은 국민으로 살 것인가, 인간으로 살 것인가.'

『시민의 불복종』이 나오기까지

이와 같은 문제에 좋은 성찰을 제공하는 한 권의 책을 소개한다. 헨리 데이비드 소로가 쓴 『시민의 불복종』(강승영 옮김)이다. 소로가 이 책을 쓴 시점은 미국이 멕시코와 전쟁을 하던 때(1846~1848년)이다. 이 당시 미국은 텍사스의 병합문제로 멕시코와 전쟁을 했고 그 결과 단 1,500만 달러로 텍사스, 뉴멕시코, 캘리포니아를 양도받았다. 소로는 이 전쟁을 악한 전쟁으로 보았고 강력히 비판했다.

한편으로, 소로는 노예제를 반대했다. 그는 이와 관련된 글,「자유의 호소(Herald of Freedom)」를 콩코드 학파의 기관지 격인 ≪다이얼≫에 기고했을 뿐만 아니라 노예제를 반대하는 강연을 하는 등 활동을 멈추지 않았다. 소로는 『월든』(강승영 옮김)의 배경이 된 호숫가 통나무집에서 사는 동안 콩코드 시내에 나왔다가 친구인 세금징수원으로부터 세금 독촉을 받는다. 그러나 노예제도와 멕시코 전쟁의 반대를 몸으로 실천하는 그는 세금 납부를 거부한다. 이러한 배경을 지닌 '시민불복종'이 처음 ≪미학(Aesthetic Papers)≫에 게재되었을 때는 그 제목이 「시민정부에 대한 저항(Resistance to Civil Government)」이었으나 그 후에 「시민의 불복종(Civil Disobedience)」이라고 고쳐졌다.

개인은 국가에서 어떤 존재인가

소로는 이 책을 통해 국가와 개인의 관계를 본질적으로 성찰한다. 그에게 있어 국가는 불가피한 존재라 할지라도 작으면 작을수록 좋다는 믿음을 가지고 있었다. 그의 책은 "가장 좋은 정부는 가장 적게 다스리는 정부"라는 말로 시작하는데 바로 이 말은 소로의 국가와 정부에 대한 기본입장을 나타내는 말이다. 그는 "정부가 그 역할을 가장 잘 수행할 때는 곧 피통치자들이 간섭을 가장 적게 받은 때"라고 설명한다.

혹자는 이 말만 듣고서 요즘 유행하는 신자유주의와 연계시킬지도 모르겠다. 소로가 자유주의 경제철학을 이야기했다고 말이다. 그러나 이는 완전히 오버다. 소로는 그런 이야기를 한 적이 없다. 인간이 가지고 있는 본질적 자유를 누리는 데 국가가 국가의 목적을 달성하기 위해 간섭하는 것을 거부한 것이지 불평등을 조장하는 자유주의 경제철학을 지지한 것은 결코 아니다.

그럼 소로에게 있어 국가 속에서 살아가는 우리들 개인은 어떤 존재이어야 하는가. 이에 대해 그는 다음과 같이 웅변적으로 말한다.

우리는 먼저 인간이어야 하고, 그 다음에 국민이어야 한다고 나는 생각한다. 법에 대한 존경심보다는 먼저 정의에 대한 존경심을 기르는 것이 바람직하다. 내가 떠맡을 권리가 있는 나의 유일한 책무는, 어떤 때이고 간에 내가 옳다고 생각하는 일을 행하는 일이다. 13쪽

이 말은 국가의 법은 정의로워야 한다는 것을 의미한다. 그러나 만일 국가의 법이 정의롭지 못하면 그것에 따를 수 없다는 선언이기도 하다. 왜냐하면 우리들은 국가의 도구도 수단도 될 수 없는 존엄한 존재이기 때문이다. 소로는 인간의 존엄성에 대해 셰익스피어의 다음과 같은 말을 소개한다.

누구의 소유물이 되기에는,
누구의 제2인자가 되기에는,
또 세계의 어느 왕국의 쓸 만한
하인이나 도구가 되기에는
나는 너무나도 고귀하게 태어났다. 『존왕』 3막 2장, 16쪽

국가가 미쳐 돌아갈 때 어떻게 해야 하는가

소로에게 있어 당시 미국은 미쳐가는 시기였다. 물론 많은 사람들은 그렇게 보지 않았다. 당시 다수는 멕시코 전쟁을 지지하고 노예제도를 지지했다. 미국은 사람들에게 꿈을 주었으며, 사람들은 그 꿈이 실현된다고 믿고 있었다. 미국은 서부로 계속 뻗어나갔으며 드디어 태평양 연안국이 되었다. 1849년에는 캘리포니아에서 금이 발견되어 수많은 사람들이 골드러시를 이루며 서부로 달려가는 시대였으니, 참으로 미국은 국운이 날로 성장하는 사회였다. 그러나 소로에게 보이는 미국은 그런 나라가 아니었다. 미국은 국민의 6분의 1이 노예이고 멕시코를 침략한 불의의 나라였다. 이러한 정부에 대해 소로는 이렇게 말한다.

나는 노예의 정부이기도 한 이 정치적 조직을 나의 정부로 단 한 순간이라도 인정할 수 없다. 16쪽

그러니 소로에게 있어 이런 정부에 대해 대항할 필요가 있었다. 그는 정의롭지 못한 행위를 방치해서는 안 되며 정의롭지 못한 행위의 공범이 되지 않으려면 타협하지 말 것을 주장했다. 그는 정부에 대해 반대를 표시하는 가장 효과적이고 불가피한 방식은 정부를 부정하는 것이라 했다. 그렇다면 현실적으로 강고하고 폭압적인 정부를 상대로 어떻게 그 정부를 부정할 수 있을까.

그는 정의롭지 못한 정부와의 관계 단절을 주장한다. 정부에 대한 충성의 거부와 저항이 필요하다고 주장한 것이다. 비록 그 거절의 과정

이 다수가 추구하는 것이 아니고 비록 소수일지라도 행동하라고 요구한다. 그리하면 언젠가는 그가 목표하는 그 양심적 결과가 일어나리라고 확신했다. 그는 그것을 이렇게 확신어린 어투로 이야기한다.

> 나는 이것만은 알고 있다. 즉, 이 매사추세츠 주 안에서 천 사람이, 아니 백 사람이, 아니 내가 이름을 댈 수 있는 열 사람이라도 노예 소유하기를 그만두고 실제로 노예제도의 방조자의 입장에서 물러나며 그 때문에 형무소에 갇힌다면 미국에서 노예제도가 폐지되리라는 것을 말이다. 31쪽

그러한 행동을 하는 과정에서 정부가 나를 감옥으로 보낸다면 어떻게 할까. 소로는 명예스럽게 그것을 받아들이라고 촉구한다.

> 사람 하나라도 부당하게 가두는 정부 밑에서 의로운 사람이 진정 있을 곳은 역시 감옥이다. 32쪽

> 노예의 나라에서 자유인이 명예롭게 기거할 수 있는 유일한 집이 감옥인 것이다. 33쪽

물론 이런 주장을 할 수 있는 사람들은, 이렇게 감옥이라도 갈 수 있는 사람들은 역사 이래로 소수이다. 사회적 소수가 다수를 상대로 싸울 때 사람들은 그들이 납득할 때까지 기다리라고 말한다. 그렇지 않으면 사회가 혼란해진다는 것이다. 그러나 소로는 이에 대해 반대한다. 소로

에게 있어 사회 혼란을 막을 책무는 국가나 정부에게 있지 소수에게 있는 게 아니다. 소수는 정부에 대해 개혁을 요구해야 한다고 주장한다. 결코 다수의 힘에 무력해져서는 안 된다고 역설한다.

소수가 무력한 것은 다수에게 다소곳이 순응하고 있을 때이다. …… 소수가 전력을 다해 막을 때 거역할 수 없는 힘을 갖게 된다. 의로운 사람들을 모두 감옥에 잡아 가두든가, 아니면 전쟁과 노예제도를 포기하든가의 양자택일을 해야 한다면 주 정부는 어떤 길을 택할지 주저하지 않을 것이다. 33쪽

소수가 전력을 다해 정부에 대해 '그게 아니다'라고 하면 정부도 결국 돌아선다는 믿음을 말해주는 것이다. 소수자 전부를 감옥에 보낼 그런 정부는 도저히 민주정부라 할 수 없기 때문이다. 만일 그렇다면 그런 정부는 더 큰 시민의 저항권에 직면하게 된다. 프랑스 대혁명이 바로 그게 아닌가(프랑스인권선언 제2조를 보라. "모든 정치적 결사의 목적은 인간의 자연적이고 침해할 수 없는 권리를 보존하는 데 있다. 그 권리는 …… 압제에 대한 '저항권'이다.").

시민불복종의 핵심은 비폭력

그러나 여기에서 한 가지 분명히 해두자. 소로가 말하는 '불복종'과 '폭력'과의 관계 말이다. 소로는 폭압적인 정권에 대한 폭력적 저항권

을 인정하지만 일반적인 시민정부 — 민주주의 원칙에 의해 세워진 정부를 말한다 — 에 대한 '불복종'은 철저히 '비폭력적'이어야 함을 주장한다.

이러한 비폭력적 불복종은 많은 이들의 연구에 의해서도 계승되었는데 대표적인 사람이 '정의론'으로 유명한 존 롤스이다. 롤스는 그의 책『정의론』(황경식 옮김)에서 정부가 정의의 원칙을 심각하게 위반한 경우 시민불복종이 가능하다고 하면서 그 불복종은 "법이나 정부의 정책에 변혁을 가져올 목적으로 행해지는 공공적이고 비폭력적이며 양심적이긴 하지만 법에 반하는 정치적 행위"라고 정의했다. 롤스는 '법에 대한 충실성의 한계 내에서 법에 대한 불복종'이 시민불복종의 핵심이라고 설명한다.

이렇게 볼 때 나는 시민불복종을 '내가 어떤 특정의 법을 불의라 생각하여 그것을 어기긴 하지만 그 법적 결과를 받아들이겠다는 의지의 표현'으로 이해한다. 즉, 불복종의 결과가 감옥에 가야 하는 것이라면 가겠다는 것이고, 감옥에 가는 것을 물리적으로 거부하지 않겠다는 것이다. 그렇게 함으로써 정치적 다수에게 나의 진실성을 보여주는 것, 이것이 소로가 보여준 시민불복종의 참된 모습이라 생각한다.

소로의 영향

소로의 시민불복종은 기본적으로 비폭력 저항을 의미한다. 사악한 정부에 대해서는 그 관계를 절단하고 그 방법으로 세금납부를 거부한 것이다. 이와 같은 비폭력 저항은 톨스토이와 간디에게 영향을 미쳤고

마틴 루터 킹의 시민권운동 나아가 오늘날까지 비폭력 시민저항운동의 사상적 뿌리로서 영향을 미치고 있다.

톨스토이는 『시민의 불복종』을 1900년경에 우연히 읽고 소로를 찬양하는 한편 미국인은 왜 그런 소로의 말에 귀를 기울이지 않고 백만장자나 장군 등의 말에만 귀를 기울이냐고 묻는 글을 썼다.

간디는 런던 유학시절 소로의 전기를 읽었고 특히 『시민의 불복종』에 주목했다. 그는 남아프리카공화국과 인도에서 쌓은 다양한 경험을 바탕으로 자신의 비폭력 저항의 사상인 사탸그라하(satyagraha)를 형성했다. 그는 1907년 그가 발행하던 ≪인디언 오피니언≫에 「시민의 불복종」을 실었고 나중에는 팸플릿으로도 발행했다. 이후 이 책은 간디에게 있어 성경이나 마찬가지가 된다. 그는 이 책을 항상 곁에 두었고, 감옥에 갈 때도 가지고 갔다고 한다.

소로가 바라는 세상, 우리가 바라는 세상

소로가 바라던 세상은 그리 복잡한 것이 아니다. 그 세상은 나의 자유가 최대한 보장되는 사회다. 이런 사회가 뭐 대단한 사회도 아니다. 나의 삶의 방식이 존중되는 사회, 그것이면 족하다. 소로는 이렇게 살고 싶다고 했다.

나는 누구에게 강요받기 위해 이 세상에 태어난 것이 아니다. 나는 내 방식대로 숨을 쉬고 내 방식대로 살아갈 것이다. 41쪽

이런 삶의 방식이 허용되는 사회란 개인을 한 이웃으로 존경할 수 있는 사회를 말한다. 국민이 될 것을 강요하지 않고 국가와 상관없이 살 수 있는 인간 본연의 삶을 '최대한' 인정하는 그런 사회를 말한다. 그런 국가는 『시민의 불복종』 맨 끝에서 소로가 염원하는 이런 사회를 말한다.

그런 국가는, 일부 소수의 사람들이 국가에 대해 초연하며 국가에 대해 참견하지도 않고 국가의 간섭을 받지 않고 살더라도 이웃과 동포에 대한 의무를 다하는 한 그들이 국가의 안녕을 해치는 자들이라고 생각하지는 않을 것이다. 58쪽

소로가 바라는 세상이 우리가 바라는 세상이 될 수는 없을까. 불복종 운운의 이야기를 했다고 두들겨 맞는 사회가 아니라 이런 말도 우리 대한민국의 민주주의 발전을 위한 고견이라고 존중해줄 수 있는 그런 따뜻한 사회, 그것이 과연 나만의 유토피아에 불과한 것인가. 아니다. 그것은 유토피아가 아니다. 언젠가 우리가 반드시 이 땅에서 성취해내야 할 우리의 본 모습이다. 나는 정령 그런 사회를 소망한다.

헨리 데이비드 소로는 누구인가

 헨리 데이비드 소로(Henry David Thoreau)는 1817년 미국 매사추세츠 주의 콩코드에서 태어났다. 그는 하버드 대학을 졸업했지만 부와 명성을 쫓지 않고 고향으로 돌아와 자연 속에서 글을 쓰며 일생을 보냈다.

그가 활동한 19세기 중반의 미국은 산업혁명의 여파가 몰아치는 상황이었으므로 어느 때보다 물질주의적 사고가 지배하는 시대였다. 뿐만 아니라 미국은 당시 여전히 노예제도를 가지고 있었으며 멕시코와의 전쟁을 통해 영토를 넓혀가는 제국주의 국가이기도 했다.

이런 상황에서 소로는 고향 선배인 랠프 월도 에머슨과 함께 물질에 대한 정신의 우위를 주장하는 초월주의(transcendentalism) 철학자로 살아간다. 그는 여러 저작을 남겼지만 두 작품이 특히 주목을 끈다. 하나는 그의 자연주의 철학을 알 수 있는 『월든』이다. 이는 고향 콩코드의 월든 호숫가에서 통나무집을 짓고 2년간 생활하면서 그 경험을 쓴 것인데 19세기에 쓰인 가장 중요한 책으로 평가받고 있다.

또 하나가 여기에서 소개한 『시민의 불복종』이다. 그는 이 책을 통해 양심에 반하는 행위를 하는 국가에 대해 개인이 할 수 있는 '불복종'의 의미를 성찰했다. 이 책은 톨스토이나 간디에게도 영향을 주었으며 '세계의 역사를 바꾼 책'으로도 꼽힌다. 소로는 1862년 폐결핵으로 45세의 나이에 세상을 떠났다.

'국기에 대한 경례', 그 불쾌한 기억
그리고 인간으로 사는 길*

국기에 대한 경례, 나만의 선전포고

내가 처음으로 국기에 대한 경례에 거부감을 느낀 건 중학생 때였다. 그땐 그저 학교에서 하는 모든 게 불만이었고 한 달에 한 번 있던 애국조회가 그렇게 귀찮을 수 없었다. 고등학교를 지나 드디어 대학생이 되었고 국기에 대한 경례, 강압적인 애국조회 따위 기억에 한참 멀어졌다. 하지만 4년 뒤 대학을 졸업하고 그렇게 벗어나고 싶었던 학교에 교사가 되어 돌아와 근무 첫날 처음으로 한 일이 우습게도 애국조회와 국기에 대한 경례였다. 오랜만에 들어보기는 하지만 예전과 하나도 달라지지 않은 목소리의 애국가와 국기에 대한 경례 녹음테이프를 들으며

---

* 이 글은 필자가 몸담고 있는 한양대 로스쿨에 재학 중인 김연정 씨가 쓴 것이다. 김 씨는 영어 교사 출신으로 특별히 소수자 인권에 관심이 많다. 장차 공익인권 변호사를 꿈꾸며 법률 공부를 하고 있다. 『시민의 불복종』에 깊은 감명을 받아 이 책에 특별기고를 했다.

학생 때와는 다른 불만이 싹텄다. 왜 나는 '해야만' 하는가? 대학 4년 동안 자유를 만끽한 뒤 만난 '국기에 대한 경례'라는 의무는 그렇게 불쾌할 수 없었다.

교직사회는 그 어떤 곳보다 보수적인 집단이다. 공식적인 일정이라면 아무리 하찮은 보고회나 세미나라 해도 항상 국민의례로 시작한다. 시간관계상 생략하거나 축소할 수 없는 유일한 절차가 바로 국민의례이지만 참석한 모든 사람은 언제나 가슴에 손을 얹고 텅 빈 눈으로 국기를 바라본다. 그 텅 빈 눈, 어떤 의문도 불만도 찾을 수 없는 그 공허한 눈에 숨이 막혔던 어느 날 나는 더 이상 가슴에 손을 얹지 않기로 결심했다. '조용히, 내 고유의 방식으로 정부에 대해' 아주 작은 '선전포고'를 한 셈이다.

그 후로 지금까지 나는 국민의례 시간에 국기에 대한 경례를 하지 않는다. 자리에서 일어나지 않거나 일어나더라도 가슴을 손을 올리지 않는다. 국민의례 시간마다 나는 어김없이 약간의 외로움과 함께 알 수 없는 자유로움을 느꼈다. 그리고 항상 궁금했다. 국기에 대해 경례를 강요당할 때 느낀 불쾌함과 그것을 거부한 뒤 느낀 자유로움의 정체는 과연 무엇일까?

그 답을 찾기 위해 나는 많은 글을 읽었다. 양심과 사상의 자유에 관한 책과 준법서약서를 거부한 사람들의 이야기 그리고 그들을 지지하는 사람들의 이야기 또 국기경례를 거부했다는 이유로 징계를 받은 한 고등학교 교사의 이야기 ……. 조국 교수와 서준식 선생은 나에게 양심과 사상의 자유가 있고 설사 내가 남들 못지않은 애국심을 가지고 있다 해도 그것을 국가 앞에 꺼내 보일 필요는 없다고 했다. 성동고의 이용석 교사는 획일적인 국기경례를 강요하는 것은 일종의 전체주의적 폭력이라고 했다. 모두 맞는 말이다. 하지만 난 왠지 모를 부족함을 지울 수 없었다. 내가 느낀 불쾌와 자유의 좀 더 근원적인 정체는 과연 무엇일까?

> 부산시교육청이 관내 초·중학교에 공문을 보내 매일 조회 때마다 학생들이 '국기에 대한 경례'를 하고 '국기에 대한 맹세문'을 낭독하도록 한 것으로 확인됐다. 교사단체 등은 '학생들의 자율성과 창의성을 빼앗는 구시대적 발상'이라며 반발하고 있다. …… 매일 학급별 조회 시간 때 대표학생이 '국기에 대해 경례!'를 외치면 학생들은 오른손을 왼쪽 가슴께에 얹고, 그 사이 대표학생이 '국기에 대한 맹세문'을 낭독하도록 했다. 시교육청은 이어 "각 학교가 운동장이나 강당에서 매달 1회 이상 전체조회를 갖고, 이때는 '국민의례 정식절차'를 실시하라"고 했다. …… 시교육청은 …… "가정, 학교에서의 자기정체성·국가정체성 교육이 미흡해 최근 각종 의식행사에서 학생들의 참여 태도가 진지하지 못하고 국기와 애국가에 대한 기본 예절교육이 확립돼 있지 않다"며 "학생들이 나라 사랑하는 마음을 길러 국가정체성을 확립할 수 있도록 협조해 달라"고 밝혔다 ……. 《한겨레신문》 2010.3.15

소로와의 만남, 거기에서 얻은 답

교사 일도 그만두고 이제 답이 궁금하기는커녕 질문조차 잊어가던 무렵 소로를 만났다. 사실 만났다기보다(만남을 위한 나의 적극적인 노력이 없었던 탓에) 네루다 식으로 표현하자면 '소로가 내게로 왔다'. 로스쿨에 들어와 우연히 수강한 강의 시간에 교수님이 추천해주신 책이 나의 오랜 의문에 답을 줄 줄이야! 소로를 읽기 전에 먼저 읽은 교수님의 서평을 빌려 내가 찾은 답을 공개하자면 바로 이것이다. "당신은 국민으로 살 것인가, 인간으로 살 것인가." 아, 얼마나 명쾌한 한마디인가! 내가 품은 오랜 의문의 답이, 소로가 『시민의 불복종』에서 말하고자 했던 모든 것들이, 바로 이 한 문장에 모두 들어 있지 않은가.

국기경례의 강요 앞에서 나는 국민이기 이전에 인간이었던 것이다. 물론 국기경례의 강요는 나의 양심과 사상의 자유의 침해이고 전체주의적 폭력성의 일종이다. 하지만 이 모든 설명이 가능한 근본적인 이유는 바로 내가 국민이기 이전에 인간이기 때문이다. 자유로운 선택에 의하지 않은 국민의 의무가 나를 불편하게 했고 국민이기 이전에 인간이고자 했던 선택이 나를 자유롭게 했던 것이다. 난 아주 커다란 나침반을 얻은 기분이었다. 복잡한 세상을 항해하는 데 길잡이가 되어줄 그런 커다란 나침반 말이다. 내가 이 나침반을 들고 처음으로 찾아간 곳은 바로 '국가'였다. 국민이기 이전에 인간이기를 선택한 개인에게 국가란 과연 무엇인가?

종교의 자유보다 '학칙'이 우선한다?

국가와 개인의 관계는 평행을 지향하는 아슬아슬한 시소와 같다. 국가가 자신의 힘을 남용할 때 시소는 기울고 개인은 한없이 가볍게 여겨진다. 우리는 이미 오랜 군부독재를 통해 개인이 인간이 아닌 국민으로 전락해 국가의 부속품이 되는 고통을 경험했다. 그 수많은 고문과 억울한 죽음의 이야기를 여기서 차마 다 할 수는 없을 것이다. 대신 1973년도 판결 하나를 예로 들고 싶다. 당시 국기경례를 거부했다는 이유로 김해여고 학생 6명이 퇴학을 당한 사건에서 대법원은 "종교의 자유는 학칙과 교내 질서를 해치지 않는 범위 내에서 보장된다"는 가히 충격적인 판결을 내렸다(대법원 1976.4.27. 선고 75누249 판결). 개인의 종교의 자유가 일개 학칙보다 못하다는 부당하다 못해 어이가 없는 판결은 국가의 힘을 빌려 '법'이 되었다.

반대로 개인이 자유를 넘어선 방종을 주장하며 누릴 때 역시 시소는 기울고 만다. 이 점에 있어 소로는 자신이 무정부주의자가 아니며 자신이 원하는 것은 정부의 폐지가 아니라 더 나은 정부임을 명확히 밝힌 바 있다. 또한 소로는 "내가 도로세를 내지 않으려 한 적은 한 번도 없다"며 '좋은 이웃'을 지향하고 있음을 지적하는 것으로 타인의 가치에 대한 존중을 강조했다. 따라서 소로의 납세 거부를 몇 년 전 미국을 떠들썩하게 했던 한 노부부의 납세 거부와 같은 것으로 오해해선 안 된다. 2007년 뉴햄프셔 주의 브라운 부부는 납세를 거부하며 총을 비롯한 무기로 무장저항을 벌여 이웃들에게 큰 위협과 불안이 된 적이 있다. 소로가 살았던 세상과는 비교할 수도 없이 복잡하고 위험해진 지금, 어느 누구도 정부의 역할을 간단히 폄하하지는 못할 것이다. 따라서 이것은 국가권력이 남용되는 문제에 비해 그리 큰 걱정거리라고 보기 어렵다.

국가와 개인의 평형상태, 국가의 책임이 더 크다

시소 위의 국가와 개인이 아슬아슬한 평형의 상태를 유지하기 위해서는 물론 둘 다의 노력이 필요하겠지만 각자가 가진 힘의 크기를 비교할 때 국가의 노력이 무엇보다 중요하다. 국가는 워낙 그 덩치가 커 조금만 부주의해도 그만 시소가 기울고 말기 때문이다. 그렇다면 국가가 무엇을 해야 할까? 단지 독재에서 벗어난 것으로, 통행금지를 해제하고 검열을 폐지한 것으로 국가는 할 일을 다 하고 개인은 자유로운 인간이 되는 것일까? 이 의문을 제기하며 나는 나를 숨 막히게 했던 그 공허한 눈을 떠올리지 않을 수 없다. 자신에게 강요된 충성에 대해 어떤 의문도 불만도 찾아볼 수 없었던 텅 빈 눈. 그런 눈을 가지고 있는 한 국민만이 존재할 뿐 자유로운 인간은 없다.

국가는 더 적극적인 노력을 해야 한다. 우리의 군부독재로 얼룩진 과거에 비추어볼 때 국가의 책임은 더욱 커진다. 군부독재가 심어놓은 국가주의를 청산할 책임까지 더해지기 때문이다. 국가는 개인에게 '국민임을 강요하지 않는 것'에서 나아가 '국가의 모든 가치가 인간의 가치와 권리를 보호하는 데 있음'을 적극적으로 알려야 한다. 그런 노력의 하나로 내가 희망하는 것은 바로 인권교육이다. 최소한 헌법과 세계인권선언만큼은 의무교육과정에 포함되어야 한다고 생각한다.

소로의 닮은꼴, 미류이야기

그렇다면 개인의 노력이란 무엇일까? 바로 '깨어 있음'이다. 일찍이 함석헌 선생이 말씀하신 대로 '깨어 있는 백성이라야 산다'. 우리는 스스로 우리의 가치와 존엄에 눈 떠야 한다. 또한 나의 가치만큼이나 남의 가치도 소중함에 눈 떠야 한다. 우리가 깨어 있을 때 비로소 우리는 국가를 넘어서 인간을 보고 법을 넘어서 정의를 찾을 수 있다. 그리고 인간과 정의의 가치에 기반한 저항만이 바로 소로가 실천한 불복종의 하나로 정당화될 수 있다.

미류는 인권운동사랑방의 상근활동가이다. 그녀는 여러모로 소로를 닮았다. 그녀는 우리나라에서 제일 좋다는 대학의 의대를 나왔지만 사람보다 세상을 고치고 싶어 한 달에 30만 원의 활동비를 받으며 인권단체에서 일을 한다. 2004년 12월 16일 그녀는 우리 군의 이라크 추가 파병에 반대하며 고가도로에서 기습 시위를 하다 경찰에 연행되었다. 미국의 멕시코 전쟁에 반대해 인두세를 내지 않았던 소로가 그녀를 만났다면 '사람다운 사람, 등뼈가 있어 남의 손에 결코 놀아나지 않는 사람'이라며 반겼으리라. 그 둘의 공통점은 여기서 끝나지 않는다. 소로가 불복종의 수단으로 '납세의 거부'라는 '비폭력'을 선택하고 그 결과를 받아들여 감옥에 갔듯이 미류 역시 항의의 수단으로 '현수막과 구호'라는 '비폭력'을 선택하고 그 대가인 벌금을 받아들였다.

정의롭고 자유로운 인간이 되기 위한 마지막 수단

소로의 저항 정신과 비폭력의 신념이 지금까지 이어지고 있다는 것은 참 다행스런 일이다. 하지만 1800년대 사람인 소로와 2000년대의 미류가 만들어내는 이 닮은꼴은 한편 우리를 서글프게 한다. 국가와 개인에 대한 우리의 고민은 1800년대에서 한 발자국도 나아가지 못한 것인가? 소로가 즐거운 마음으로 상상했던 그 국가에 우리는 조금도 가까워지지 못한 것일까?

그 원인을 멀리 군부독재와 그들을 꼭 닮은 현 정부에서만 찾지 말자. 우리가 '온 몸을 던져 투표'하지 않는 한 그리하여 '한 사람으로서의 다수'가 되지 않는 한 우리도 국가의 부정의에 공범일 수밖에 없지 않겠는가. 결국 소로가 선택한 그리고 미류가 선택한 불복종은 정의롭고 자유로운 '국가'를 위한 길일뿐만 아니라 정의롭고 자유로운 '인간'이 되기 위한 마지막 수단인 것이다. 소로가 인용한 공자의 말처럼 '나라에 도가 없는데도 부하고 귀하면 부끄러운 일이다'. 부끄럽지 않기 위한 조용한 '선전포고'들이 하나 둘 모일 때 비로소 개인을 보다 커다란 독립의 힘으로 보고 국가의 권력과 권위는 이러한 개인의 힘으로부터 나온 것임을 인정하는 '진정으로 자유롭고 개화된 국가'를 우리는 만들 수 있을 것이다.

이제 내가 찾은 답은 그 어떤 질문보다 더 무거운 물음표가 되어 다시 나에게 돌아온다. "당신은 국민으로 살 것인가, 인간으로 살 것인가?"

우리는
얼마나 알 수 있을까

Peter Watson

지식인으로 살아가면서 필요한 것이 교양이다. 아무리 전문적 지식이 있다 해도 교양이 없으면 기능인같이 보인다. 광범위한 교양은 나의 지식을 보편적인 지식으로 바꾸어준다. 이 교양이 없다면 나와 다른 일을 하는 이들을 이해할 수 없고, 남들도 나를 이해하지 못한다. 서로를 이해하기 위해 교양을 쌓아야 한다. 역사, 철학, 예술, 과학 등등, 나의 전공영역과는 직접 관련이 없다 해도 그 흐름은 이해해보자. 피터 왓슨이 당신의 지적 호기심을 자극할 것이다. 그의 무궁무진한 교양을 통해 우리도 좀 더 유식해지자. 분명 그렇게 될 수 있다.

만물박사 피터 왓슨, 한국에 상륙하다

'거의 모든 것의 교양', 『생각의 역사』를 읽다

교양이 필요한 이유

나는 지금 대학에서 학생을 가르친다. 책을 읽는 것이 내 직업의 중
요부분이다. 그중에서도 나는 요즘 교양과 관련된 책을 집중적으로 본
다. 지난 20년 이상 법률가로 살아왔고 나름대로는 한 분야에서 전문
성도 가지고 있다고 생각하지만 지난 몇 년간 나는 매일같이 한계를 느
껴왔다. 그 한계는 나의 전문영역을 떠받치는 교양의 부족에서 비롯된
것이었다. 그러면서도 전문가인 척 해온 내가 부끄럽다. 오늘에 와서야
진정한 전문가는 교양을 바탕으로 전문성을 추구하지 않으면 안 된다
는 소박한 진리를 깨닫는다. 그렇지 않으면 표피적 전문성에 불과하다.
그래서야 그 전문성이 세상에 큰 기여를 하지 못한다.

교양이란 무엇인가. 나는 이것을 인간의 본질을 이해하는 지식이라
생각한다. 개별 학문이 나무에 붙어 있는 수많은 잎과 같은 것이라면
교양은 그것들을 지탱해주는 뿌리나 줄기이다. 아무리 잎이 무성한들

뿌리나 줄기가 없는 잎을 생각할 수 없다. 공부를 하다보면 이런 뿌리나 줄기를 알고자 하는 욕구가 늘어간다. 내 경우 법학, 그중에서도 인권법을 연구한다. 도대체 인권이라는 인간의 사상은 언제부터 시작되었을까, 왜 그런 의식이 싹텄을까, 곰곰이 생각하면 의문투성이다. 그런 것도 모른 채 우리는 권리와 의무로 가득 찬 책들을 읽어간다. 모든 것을 건너 뛴 다음 종착역에 다다른 느낌이다.

나는 이런 공부 방법에 갈증을 느낀다. 인권법의 이면을 알고 싶기 때문이다. 그것을 알지 못하고서야 어찌 내가 인권과 그리고 이에 기초한 '법'을 안다 하겠는가. 바로 이런 연유로 나는 내 자신에게 교양을 강조한다. 어떤 공부를 깊이 있게 하는 방법 중 최고의 방법은 교양서를 광범위하게 읽는 것이다. 인간이 살아온 역사, 철학, 문화, 예술, 과학과 관련된 교양서들을 읽다보면 나도 모르는 사이에 내가 공부하는 것이 그들 교양과 연결된 것을 발견하게 된다. 그럴 때마다 내 영혼 속에 있는 지혜의 근육이 부쩍 자라남을 느낀다.

베개로 삼을 만한 책, 『생각의 역사』를 독파하다

오늘 소개하는 피터 왓슨의 『생각의 역사 I』(남경태 옮김)은 한 번 도전해볼 만한 교양서다. 하지만 쉽지 않다. 엉덩이가 무거워야 이 책을 끝낼 수 있다. 이 책을 처음부터 끝까지, 그리고 이 책의 자매지라 할 수 있는 왓슨의 두 번째 책 『생각의 역사 II』(이광일 옮김)까지 전부 읽는다면 나는 그 사람의 끈기를 무조건 인정할 것이다. 『생각의 역사 I』

이 1,200쪽이 넘고 『생각의 역사 II』는 1,300쪽이 넘는다. 그러니 두 책 전부 합쳐 무려 2,500쪽이 넘는 셈이다. 글자 수를 생각한다면 300쪽짜리 책 10여 권에 해당하는 분량이다.

　나는 이 두 권의 책을 지난 2009년 겨울에 오기와 끈기로 읽었다. 3주간에 걸쳐 두 권의 책을 전부 독파했을 때의 뿌듯함은 마치 입시를 끝낸 수험생의 심정이었다. 이런 독서를 하게 된 데에는 과거 내가 고시공부를 한 것이 큰 도움이 되었다. 그렇지만 아무리 생각해봐도 이것은 호사스런 독서다. 인내심도 필요하지만 생활에 바쁜 사람들이라면 이런 독서를 하고 싶어도 하기 힘들 것이기 때문이다. 그러니 내겐 책임감이 있다. 이 책을 읽지 못한 사람들에게 소개할 책임 말이다.

　내가 『생각의 역사 I』을 발견한 것은 우연한 기회였다. 2009년 11월 나는 호주 시드니에서 열린 국제인권 심포지엄에 참가했다. 심포지엄이 끝나고 돌아오기 전 잠시 시내관광을 했다. 그때 조그만 서점에 들렀는데 그곳에서 *Ideas: A History of Thought and Invention, from Fire* *to Freud*라는 두툼한 책 한 권을 발견했다. 언뜻 목차를 보고 몇 장을 넘겨보니 야, 이것 대단한 교양서라는 생각이 들었다. 인류사의 사상 및 발명의 역사라고나 할까. 거기에는 내가 그동안 알아왔던, 알고 싶어 했던 온갖 철학, 예술, 문학, 과학이야기가 일목요연하게 설명되고 있었다. 일찍이 읽었던 빌 브라이슨의 『거의 모든 것의 역사』(이덕환 옮김)와는 또 다른 감흥이었다(브라이슨의 책은 자연과학에서 본 '거의 모든 것의 역사'이다).

그래서 한 권을 사서 호텔에 돌아와 한국의 지인에게 연락을 했다. 이 책이 번역되지 않았으면 나하고 공동으로 번역을 한번 해보지 않겠느냐고. 그런데 한국 교양인들의 정보도 대단하다. 내가 발견하기 바로 몇 달 전에 한 출판사에서 이 책이 이미 번역되었던 것이다. 제대로 된 교양서 한 권 번역해서 나도 우리나라의 교양 수준에 조금이나마 기여를 하려던 목표는 좌절되었지만 대한민국의 교양 수준에 자부심을 느끼는 순간이었다. 이렇게 해서 나는 이 베개만한 책 한 권과 이 책에 이어지는 또 하나의 베개만한 책을 읽게 된 것이다(『생각의 역사 II』는 『생각의 역사 I』과는 완전히 별개인 책이나 '생각'의 역사라는 점에서 같은 주제를 다룬 책이다. 이 책은 20세기의 지성사이다).

피터 왓슨 인류지성사를 탐사보도하다

『생각의 역사』를 쓴 피터 왓슨은 세칭 세계적인 석학은 아니다. 다만 분명한 것은 그가 어떤 석학보다도, 어떤 전문가보다도 교양적 측면에서는 독보적이라는 사실이다. 한마디로 만물박사다.

그는 어떤 특정 영역의 전문가로 살아온 것이 아니라 제너럴리스트로 살아왔다. 아마도 그랬기에 이런 책을 쓸 수 있었으리라. 특정 영역의 전문가는 이런 책을 쓰기 어렵다. 왓슨은 저널리스트로서 탐사보도를 많이 다루어왔듯이 이 책도 인류의 모든 지성사를 종횡무진으로 누비며 탐사보도한다는 태도로 썼다.

『생각의 역사』는 어떻게 구성되었는가

책은 크게 5부 36장으로 이루어졌다. 제1부는 인류의 탄생부터 도시문화를 만들기까지의 역사 속에서 발견되는 인간 상상력의 진화를 다룬다. 인간은 과연 어떻게 불을 발견하고 언어를 만들었을까, 인간의 종교적 심성의 기원은 무엇이었을까, 그리고 인간은 어떻게 도시를 만들게 되었을까 등등의 문제에 대해 왓슨은 상상력을 발휘한다.

제2부는 영혼의 진화사이다. 이곳에서는 역사에 나타나는 대표적 종교, 특히 기독교의 탄생기원 등이 설명된다.

제3부는 유럽의 탄생이다. 여기에서는 유럽이 어떻게 동양을 능가하게 되었는가가 집중적으로 조명된다.

제4부는 유럽이 만든 경험주의적 실험정신의 진화과정을 추적한다. 대학과 학문의 발달, 과학혁명과 신세계의 발견 등이 바로 추적대상이다.

제5부는 산업혁명 이후 20세기 초반에 이르는 정신사를 다룬다. 계몽주의에 반발하는 낭만주의에서 비롯된 인간의 자아의식은 드디어 20세기 초 프로이드의 무의식 세계로 연결된다.

영혼, 유럽, 실험으로 만들어진 지성사

자, 사설은 이 정도에서 마치고 간단하게나마 이 책의 핵심에 들어가보자. 1,200쪽이 넘는 인류의 사상과 발명의 역사를 간단히 소개하기는 불가능하다. 다만 왓슨이 인류지성사를 탐사하면서 발견하고자 했던 인류의 '생각(ideas)'에 초점을 맞추어보자. 왓슨은 서론에서 결론에 이르기까지 줄기차게 역사에 지대한 영향력을 끼친 것이 무엇인가를 탐구한다. 그가 발견한 것이 바로 '영혼', '실험정신', '유럽의 관념'이다. 어쩌면 이 방대한 책은 이들 셋을 주인공으로 해서 역사를 종횡으로 이어본 결정체라고 할 수 있다.

영혼의 역사

먼저, 왓슨은 영혼이 역사에 끼친 영향력을 말한다. 영혼은 신이나 종교보다는 넓은 개념이다. 따라서 영혼을 반드시 종교적 측면에서 볼 필요는 없다. 이것은 인간의 육체를 초월한 정신세계를 말한다. 영혼과 관련되어 역사에 영향을 준 것은 인간의 내면지향에 대한 자각이다. 이것은 내세 관념으로 발전하여 종교와 관련을 맺는다. 또한 이것은 인간 내면에 대한 철학적 자각과도 관련이 있다.

인간의 내면화는 기원전 7~4세기에 팔레스타인, 인도, 중국, 그리스, 페르시아 등지에서 거의 동시에 일어났다. 이 시기 이후 인류사에서는 인간의 내면에 관심을 갖고 진리를 찾고자 하는 노력이 종교와 철학을 통해 끊임없이 되풀이되었다. 정신이 물질보다 우월하다는 플라톤적 관점이야말로 인간의 영혼 그리고 내세와 관련된 서양철학의 대표적 관념이다. 플라톤 이후의 서양철학은 플라톤의 각주에 불과하다는 말은 바로 이런 영혼사상의 영향이다. 이러한 탓에 서양사는 중세를 기독교 시대로 기록했고, 근대에 들어서는 계몽주의에 맞서는 낭만주의의 물결이 휩쓸고 갔으며, 심리학의 '자아' 시대를 경험했다. 나아가 20세기는 정신분석학의 '무의식' 시대를 맞이했다.

실험정신의 역사

두 번째로 왓슨은 실험정신이 인류 역사에 막대한 영향력을 끼쳤다고 말한다. 왓슨은 이러한 정신을 유럽에서 발달한 경험주의적 과학정신에서 발견한다. 이것은 관찰, 실험, 추론에 입각한 과학적 사고방식이다. 이것은 인류사에서 물질적 진보를 가능케 했다. 의료의 혁신, 인쇄술과 이동수단의 발달, 산업화 등은 유럽사회를 성공적이면서도 번영하는 사회로 만들었고 이것은 나머지 세계를 바꾸어갔다. 이와 같은 과학정신의 뿌리는 근대에 들어 갑자기 생긴 것은 아닐 것이다. 어쩌면 이것은 아리스토텔레스까지 거슬러 올라가는 서양의 경험주의적 철학이 그 배경이라 할 수 있다. 왓슨은 근대적 의미의 실험정신을 12세기 이후 서구문화에서 찾는다.

유럽의 형성

그런데 어떻게 이런 실험정신이 동양이 아닌 유럽에서 시작되었는가. 바로 그것을 왓슨은 유럽이라는 관념 형성에서 찾는다. 이 말은 유럽이라는 땅에서 탄생한 독특한 문화형식이 인류사에 결정적인 영향력을 행사했다는 말이다. 통상 유럽이 동양을 뛰어 넘은 것은 15세기

르네상스 이후로 설명되지만 왓슨은 그것보다 앞선 11세기에서 13세기에 이르는 유럽의 변화에서 찾는다. 이 시기에 유럽은 다른 대륙에 비해 높은 인구밀도 때문에 제한된 자원을 효과적으로 이용하기 위한 효율성의 관념이 중요한 가치로 떠오른다. 그리고 기독교의 발달로 통합적 문화가 탄생하며 그 여파로 곳곳에서 대학이 성장한다.

특히 대학은 유럽문화에서 중요한 역할을 하는데 그것은 대학을 중심으로 기독교의 절대관념을 초월한 세속적 사고와 인간의 독자적 사고가 만들어졌기 때문이다. 더욱 이 시기에는 인간의 자아개념의 연장선에서 '개인'이 발견된다. 개인의 발견이야말로 서구사회가 다른 어떤 사회보다 급속한 발전을 해나가는 세속적 사고가 된다. 왓슨의 분석에 의하면, 12세기까지만 해도 동양이나 이슬람 문명이 과학문명에 있어 서양을 능가했다고 한다. 그러나 이들 지역의 학문은 국가적 통제를 받는 관학에 불과했다. 더욱이 자유와 독자적 사고를 가능케 한 서구식 대학을 만들지 못한 것이 서구문명의 역전을 가져온 원인이 되었다고 왓슨은 분석한다.

하지만 왓슨의 이와 같은 문명관에 대해 조금은 반감을 갖는 사람들도 있으리라. 왓슨의 사고가 지극히 서구중심적이라는 것이다. 그렇다. 왓슨의 이야기는 기독교와 과학기술이라는 두 개의 코드로 장식된 서구에 대한 찬사로 들릴 수 있다. 그가 아무리 동서를 넘나드는 교양을 자랑하지만 그 두꺼운 책에서 동양에 대한 배려는 거의 찾아보기 힘들다. 대작의 한계이다. 이 책을 읽는 사람들은 그것을 염두에 두고 읽어야 할 것이다. 그럼에도 이 책은 대단하다. 그 한계가 결코 이 책을 폄하할 수는 없을 것이다.

번역은 또 다른 창작

이 책의 간단한 소개를 끝내기 전에 이 책을 번역한 남경태 선생의 열정과 끈기에 찬사를 보낸다. 남 선생은 이 책 이외에도 『반론의 예술사』 등 명저를 번역한 출중한 번역가이다. 뿐만 아니라 지적탐구를 기반으로 본인이 직접 서양철학사 전반을 설명한 『철학』의 저자이기도 하다. 그런 이가 이 책을 번역했기에 나는 누구보다도 믿고 이 책을 읽을 수 있었다. 하지만 아무리 출중한 능력의 소유자라 하더라도 이 방대한 책을 번역함에는 실수가 없을 수 없다. 아쉽게도 여러 곳에서 오역이 발견된다. 나는 이 책을 번역서와 원서를 동시에 비교하면서 그 부분들을 찾아보았다. 까다로운 독자를 만나면 이런 법이다. 언젠가 남 선생을 만나면 내가 발견한 오역부분을 전달하고 싶다. 제2판에서는 보다 완성도 높은 책을 기대한다. 그러기 위해서는 독자들이 이 베개만 한 책을 읽어주어야 하는데 ……

마지막 단상, 한국에서도 피터 왓슨이 나올 순 없을까

마지막으로 단상을 쓴다. 이 책을 읽다보면 한 지식인이 인류의 전 역사를 통해 발견되는 인간의 사상과 발명을 이렇게 박학다식하게 정리할 수 있다는 사실에 전율을 느낀다. 그리고 생각하길 영국이라는 나라, 아니 서구의 지적 풍토가 부럽지 않을 수 없다. 근년에 읽은 책의 저자 중에서도 이런 지식의 만물박사들을 몇 명 꼽을 수가 있다. 『이기적 유전자』(홍영남·이상임 옮김)의 리처드 도킨스, 『통섭』(최재천·장대익 옮김)의 에드워드 윌슨, 『유러피언 드림』(이원기 옮김)의 제러미 리프킨, 이들 모두가 전방위 지식인들이다. 특정 분야의 전문가이기도 하지만 그들의 책을 읽다보면 모든 학문을 넘나든다. 한마디로 르네상스인들이다.

이런 지식인들이 어떻게 가능할까. 그것은 전적으로 어릴 때부터 읽는 독서의 수준이 말해준다. 우리와 같이 입시에 치여 학생들이 교양서 한 권 제대로 읽지 못하는 풍토에서는 죽었다 깨나도 이런 르네상스인들을 키워낼 수 없다. 그저 가끔 나오는 돌연변이를 기대할 수밖에. 수십 권의 교양명저를 번역하고 자신의 독자적 사상을 구축해가는 박홍규 교수(영남대) 정도가 거기에 해당할까.

『생각의 역사』를 읽으면서 제2, 제3의 박홍규가 나올 수 있도록 우리 교육의 근본을 개혁하는 대결단이 필요함을 느낀다. 두 말할 것 없이 교육개혁의 근본은 독서에서 출발해야 한다. 좋은 책을 꾸준히 읽는 버릇을 키우지 못하는 어떤 교육도 이 나라의 내일을 바꾸지 못한다.

피터 왓슨은 누구인가

피터 왓슨(Peter Watson)은 1943년 영국에서 태어난 지성사학자이자 교양 저널리스트이다. 그는 잉글랜드의 더햄 대학교, 런던 대학교 및 로마 대학교에서 수학했다. 좌파 시사주간지인 ≪뉴소사이트≫에서 일했으며, ≪선데이타임스≫, ≪뉴욕타임스≫, ≪옵서버≫, ≪타임≫지 등에서도 일했다. 오랫동안 예술 관련 텔레비전 프로그램을 제작하기도 했다. 현재는 케임브리지 대학교 맥도날드 고고학 연구소의 연구원으로 일한다.

주요 저작으로는 본문에서 소개한 『생각의 역사 I』와 『생각의 역사 II』 이외에 『지혜와 힘』, 『생각의 전쟁』 등 지성사 및 예술사에 관한 다수의 저서가 있다.

정의란
무엇인가

John Rawls

우리가 사회의 구성원으로 살아가면서 우리를 화나게 하는 것이 있다면 그것은 대부분 불공정한 일 때문이다. 바로 정의의 문제다. 정부가 하는 일에서, 기업이 하는 일에서 나아가 개인이 하는 일에서 우리가 정의의 원칙을 거부하면 세상은 시끄러울 수밖에 없다. 우리의 역사를 돌아보면 사회 원칙으로 정의만큼 중요한 것이 없다. 그러나 정의가 무엇인지, 어떨 때가 공정하고 또 어떨 때가 불공정한지 판단하기가 쉽지 않다. 제4강에서 그 정의의 원칙을 생각해보자.

무상급식, 롤스의 『정의론』이 답하다

20세기 정의론의 대부, 존 롤스의 『정의론』 들여다보기

정의론 신드롬

2010년 서점가에서는 이상한 일이 발생했다. 인문서적인 마이클 샌델의 『정의란 무엇인가』(이창신 옮김)가 불타나게 팔린 것이다. 평소 그런 류의 책은 출판해보았자 수지타산을 맞추기 힘들다. 그런데 어떻게 해서 그 책은 그리도 많이 팔렸을까. 필자가 하버드 대학의 유명교수라서 그랬던가. 그럴 수 있다. 하지만 미국에서 그만한 교수는 헤아릴 수 없이 많지 않은가.

그럼 책을 잘 써서 그런가. 그럴 수 있다. 그러나 서점가를 뒤져보면 그 정도의 책은 수없이 많다. 『정의란 무엇인가』는 샌델 교수의 강의 안을 조금 보충한 정도의 책에 불과하다. 꼼꼼히 읽어보면 그리 대단한 수준의 책은 아니다. 그럼, 도대체 그 책은 왜 그리도 많이 팔렸을까.

나는 위 두 가지 이유에 하나를 추가하고 싶은데, 그것은 그 책의 '주제'다. 그렇다. 그 책은 우리나라 사람들이 좋아할 수밖에 없는 주

제였고, 그것이 시류와 절묘하게 맞아떨어져 베스트셀러가 된 것이다. '정의'는 어떤 주제보다 한국인의 관심을 끈다. 아무리 중요한 주제라도, 그것이 자유나 인권 혹은 복지나 민주주의라면, 사람들은 그것들이 중요한 문제라고 생각을 하면서도 실제로 그와 관련한 책을 보지 않는다. 그것이 서점가의 현실이다.

우리나라 사람들에게 정의는 그 어떤 삶의 가치보다 중요하다. 너무나 오랫동안 공정과 정의의 밖에서 살아서 그런지 사람들은 정의로운 사회를 항상 꿈꾸어왔다. 세상이 불공평할수록 정의는 사람들의 마음을 사로잡는 법이다.

따라서 정의가 특별히 주목을 받게 되는 상황은 우리 사회가 그만큼 불공정한 사회라는 것을 반증한다. 사람들은 2010년 이 사회에서 너무도 많은 불의를 보았고, 『정의란 무엇인가』에서 막연하나마 해답을 구해보고자 했던 것이다.

20세기 최고의 명저, 롤스의 『정의론』

샌델의 책에서도 시도했지만 정의를 추구하는 방법론은 쉽지 않은 과제다. 수많은 현자들이 수천 년 간 나름대로 정의를 설명하며 그 방법론을 제시했지만 어느 것도 정답의 지위에 오르지는 못했다. 도대체 세상이 어떻게 돌아가야 사람들은 정의로운 세상이라 찬미할까. 도대체 세상의 자원은 어떻게 분배되어야 가장 정의로운 사회라고 할 수 있을까.

이 같은 물음에 대해 답하고자 한 책이 바로 여기서 소개하는 존 롤스의 『정의론』(황경식 옮김)이다. 사람들은 이 책을 20세기 최고의 명저로 꼽는 데 주저하지 않는다. 더욱이 이 책은 명저를 넘어 사람들의 마음을 바꾼다. 이 책을 통해 정의를 배운 사람들은 그것을 세상에 옮겨놓으려 한다. 롤스식의 세상 바꾸기를 통해 세상은 분명 훨씬 정의로운 사회가 될 수 있다고 믿는 사람들이 꽤 많은 것이다.

그런데 이 책은 접근하기가 만만치 않다. 주변에 있는 법철학자들에게 『정의론』을 가끔 물어본다. 그럴 때마다 그들도 『정의론』을 선명하게 설명하는 것이 자신들의 희망사항이라고 한다. 그만큼 『정의론』은 쉽게 넘을 수 있는 산이 아니다. 하지만 이 산을 꼭 한 번 등정하고 싶은 것이 나 같은 사람의 꿈이자 욕심이다. 그 산을 올라가면 세상의 이치에 어느 만큼은 다가설 수 있을 것 같기 때문이다.

『정의론』은 왜 쓰였는가

『정의론』을 본격적으로 소개하기에 앞서 이 책이 갖는 의의를 알아보자. 현대 인권사의 흐름에서 큰 영향을 끼친 것은 두 가지 사조라 할

수 있다. 하나는 공리주의고, 다른 하나는 사회주의다. 공리주의는 제러미 벤담으로 대표되는 철학자들이 주장한 것인데, '최대 다수의 최대 행복'이라는 말로 정의될 수 있다. 즉, 한 사회의 정의는 보다 많은 사람들에게 보다 많은 이익이 돌아가도록 하는 데서 찾을 수 있다는 것이다. 따지고 보면 이 사상이 우리 사회의 정의관에서도 압도적이다.

국회에서 예산 관련 토론을 하면 백이면 백, 공리주의적 접근을 한다. 국회의원들은 입만 떼면 다수의 국민들이 행복해지는 방법으로 결론을 내야 한다는 말을 한다. 그것이 바로 공리주의다. 그런데 이 접근방법은 치명적인 결함이 있다. 그렇다. 소수자를 보호하지 못한다. 공리주의적 셈법에 의하면 소수자는 어쩔 수 없이 버려지는 패이다. 이 방법은 결코 소수자와 함께 사는 방법을 고민하지 않는다. 그러니 소수자 인권을 존중한다면 공리주의적 접근방법에 항상 찬성표를 던질 수가 없다.

다음으로 사회주의는 세상 사람을 소수자와 다수자로 나누지 않고 모두를 똑같게 만들었다. 모든 사람은 평등하다는 것이다. 그런데 이 사상은 경제적 평등의 대가로 많은 것을 포기하도록 한다. 평등을 강요하기 위해서는 국가가 힘을 가져야 한다. 그리고 그 힘은 무자비할 수밖에 없다. 그러니 사람들에게 생각하고 표현하는 자유를 결코 허용할수 없다. 신체의 자유 또한 그렇다. 절대적인 평등을 추구하는 사회에서는 인간의 몸도 자기 것이 아니다. 그런 사회에서는 인간의 신체도 언제든지 권력행사의 대상이 될 수밖에 없다.

『정의론』은 위의 두 가지 도전에 대해 일정한 답을 주기 위해 쓰였다고 해도 과언이 아니다. 공리주의를 넘어 소수자에게도 인권이 보장되는 사회, 사회주의를 넘어 개인의 자유가 보장되는 사회, 그런 사회를 만들 수는 없을까. 그것이 가능하기 위해서는 사람들은 무엇에 동의해야 할까. 어떤 원칙하에 사회를 조직하면 사람들은 그 사회를 정의로운 사회라고 부를까.

이런 것이 바로 롤스가 『정의론』를 통해 만들어내고자 했던 꿈이었다. 롤스는 그 꿈을 이 책을 통해 이루어냈고, 그랬기에 이 책은 롤스의 필생의 역작이 되었다.

사회제도의 제1덕목은 정의

자, 이제부터 이 책의 핵심 내용을 정리해보자. 나 또한 별 능력은 없지만 성의를 가지고 『정의론』의 엑기스에 접근해보려 한다. 우선 롤스가 정의의 가치에 대해 어떻게 생각하는지 알아보자. 만일 우리가 사회를 계약에 의해 만든다면 거기에서 가장 중요한 원칙이 무엇일까.

롤스는 그것이 바로 정의의 원칙이라고 말한다. 이것은 자신의 이익 증진에 관심을 가진 자유롭고 합리적인 사람들 누구나가 가장 공정한 상태(원초적 입장)에서 받아들일 수 있는 원칙을 말한다. 그는 이에 대해 책의 초반에서 간명하게 이렇게 대답한다.

> 사상체계의 제1덕목을 진리라고 한다면 정의는 사회제도의 제1덕목이다. 이론이 아무리 정치하고 간명하다 할지라도 그것이 진리가 아니라면 배척되거나 수정되어야 하듯이, 법이나 제도가 아무리 효율적이고 정연하다 할지라도 그것이 정당하지 못하면 개선되거나 폐기되어야 한다. 36쪽

정의론의 내용은 무엇인가

이제 『정의론』의 핵심에 도전해보자. 700쪽이 넘는 방대한 이 책에서 롤스가 말하고자 하는 핵심을 찾는다는 것은 쉽지 않다. 하지만 다행스럽게도 롤스는 책 이곳저곳에서 자신의 말을 요약해놓았다. 그것을 중심으로 이 세기의 책 『정의론』의 핵심을 엿보자.

원초적 입장에서의 정의의 원칙

사회계약을 연상시키는 원초적인 입장에서 사람들이 동의할 수 있는 정의의 원칙이 무엇일까. 위에서 본 대로 사람들은 사회구성원들에게 기본적 권리와 의무를 어떻게 할당할 것을 합의할까. 또한, 사람들은 그 사회가 만들어낸 사회적 부를 배분하는 원칙을 어떻게 세울까. 이에 대해 롤스는 다음과 같이 말한다. 이것이 바로 『정의론』에서 가

장 중요한 정의의 원칙이다.

원초적 입장에서 사람들은 다음과 같은 상이한 두 원칙을 채택하리라는 것이다. 즉, 첫 번째 원칙은 기본적인 권리의 의무의 할당에 있어 평등을 요구하는 것이며, 반면에 두 번째 것은 사회적·경제적 불평등, 예를 들면 재산과 권력의 불평등을 허용하되 그것이 모든 사람, 그중에서도 특히 사회의 최소 수혜자에게 그 불평등을 보상할 만한 이득을 가져오는 경우에만 정당한 것임을 내세우는 것이다. 49쪽

이것을 좀 부연 설명해보자. 이것은 크게 '평등한 자유의 원칙'과 '차등의 원칙'으로 나누어 설명할 수 있다. 차례로 보자.

평등한 자유의 원칙

이 원칙은 롤스 이론의 제1원칙이라 불린다. 한마디로 인간 사회에서 가장 중요한 제1원칙은 인간은 자유로워야 한다는 것이다. 이것은 인간이 누려야 할 기본적 자유에 대해 모든 사람들이 평등한 권리를 가져야 한다는 것을 의미한다.

롤스는 제1원칙을 다음과 같이 선언적으로 표현한다.

각자는 모든 사람의 유사한 자유 체계와 양립할 수 있는 평등한 기본적 자유의 가장 광범위한 전체 체계에 대해 평등한 권리를 가져야 한다. 400쪽

그렇다면 여기에서 기본적 자유가 무엇일까. 롤스는 그 목록을 제시한다. 정치적 자유(투표의 자유와 공직에 취임할 자유), 언론과 결사의 자유, 양심과 사상의 자유, 신체의 자유, 사유재산권 등이 바로 그것들이다. 다만, 롤스의 사유재산권에서 주의할 것은 생산수단에 대한 권리는 이 권리 목록에 들어가지 않는다. 이런 이유로 논자에 따라서는 롤스를 급진좌파라고 하는 모양이다.

위의 권리 목록은 오늘날 인권 목록에서 말하는 자유권의 내용과 거의 일치한다. 그런 면에서 롤스의 정의의 제1원칙은 고전적 자유주의와 밀접하게 관련되어 있다. 그러나 롤스가 정의의 원칙을 여기까지만 말했다면 그의 정의관은 19세기 계몽철학자에 불과했을 것이다. 롤스의 진면목은 다음에서 말하는 제2원칙에서 발견된다.

차등의 원칙

다음으로 롤스 이론의 제2원칙은 무엇일까. 이것은 한 사회의 경제적 원칙을 말한다. 과연 사회의 부는 어떻게 분배되어야 정의의 원칙에 맞는 공평한 것이 되는가. 완전 평등을 추구해야 할까. 아니면 불평등을 용인해야 할까. 만일 불평등을 용인해야 한다면 어떠한 한계 속에서 용인할 수 있을까.

이에 대해 롤스는 사회구성원 모두에게 이익이 되지 못하는 불평등한 분배는 원칙적으로 반대한다. 이 말은 롤스가 하나의 조건 아래 불평등, 즉 차등을 인정한다는 것을 의미한다. 그것은 불평등한 분배가 가능하려면 사회구성원 모두에게 이익이 되어야 한다는 조건이다.

모든 사회적 가치(자유, 기획, 소득, 재산 및 자존감의 기반)는 이들 가치의 전부 또는 일부의 불평등한 분배가 모든 사람에게 이익이 되지 않는 한 평등하게 분배되어야 한다. 그래서 모든 사람에게 이익을 주지 않는 단순한 불평등은 부정의가 된다. 107쪽

그런데 롤스에게 있어 관심사는 사회구성원 중 하층민(최소 수혜자)에 대한 배려이다. 즉, 차등의 원칙은 한 사회의 최소 수혜자의 이익에 부합되어야 한다. 이것은 불평등한 분배가 된다 해도 그것이 용인되기 위해서는 가장 낮은 계층의 사람들에게 상대적으로 더 유리하게 분배되어야 한다는 것이다.

만일 평등한 자유와 공정한 기회균등이 요구하는 제도의 체계를 가정할 경우에 처지가 나은 자들의 보다 높은 기대치가 정당한 것으로 인정될 수 있는 유일한 조건은 그것이 사회의 최소 수혜자들의 기대치를 향상시키는 체제의 일부로서 작용하는 경우이다. 123쪽

차등의 원칙에서 롤스가 노리는 것은 사회주의 국가의 획일적 평등이 아니다. 기본적으로 평등을 추구하지만 사회주의적 평등에서 나타난 생산성 감소의 약점을 보완하는 길은, 인간의 이기적 심리를 용인하지 않을 수 없고 그것을 기초로 평등을 추구하는 것이다. 이 경우 능력 없는 사람에게 원래 자신의 기여도보다 조금 더 분배가 가능하다면 능력 있는 사람에게 분배비율을 늘인다고 해서 이를 반대할 이유는 없다. 이렇게 해서 사회주의가 가지고 있는 구조적 문제를 해결할 수 있기 때

문이다.

그런데 차등의 원칙이 제대로 적용되기 위해서는 사회구성원 사이에 공평한 기회가 주어져야 한다. 그렇지 않으면 사회적 불평등은 구조적일 수밖에 없다. 부모 잘 만나면 영원히 잘사는 체제는 정의의 원칙과는 거리가 멀다. 출발점이 다른 상황에서 경쟁을 해보았자 결과는 이미 정해진 것이나 마찬가지다. 이것은 불공평하다.

우리가 지향하는 사회는 완전한 평등사회가 아니다. 그것은 불가능하다. 하지만 같은 능력은 같이 평가되어야 한다. 가난한 부모를 둔 똑똑한 자식이 부자 부모를 둔 똑똑한 자식과 인생사가 달라져서는 안 된다. 자신의 노력과 자신의 책임 아래 내린 선택 때문에 달라지는 것은 용인할 수 있지만, 자신의 책임이 아닌 것으로 인생이 불평등해지는 것을 용인해서는 안 된다. 이것이 바로 롤스의 생각이다.

평등적 자유주의

위에서 얘기한 것을 정리하면 이렇게 말할 수 있을 것이다. 롤스의 정의의 제1원칙(평등한 자유의 원칙)은 시민의 기본적 자유를 존중하는 자유주의의 핵심이다. 정의의 제2원칙(차등의 원칙)은 자유주의적 권리가 사회적으로 불리한 처지에 있는 사람들에게는 유명무실한 빈말이 될 수 있다는 현실을 직시한 사회주의적 인식의 핵심이다. 롤스는 두 원칙의 결합을 통한 새로운 사회를 구상한다. 그것은 최소 수혜자를 우선적으로 고려하는 자유주의다. 그래서 사람들은 롤스의 정의관을 '평등적 자유주의'라고 부른다.

롤스가 말하는 정의의 원칙을 권리개념으로 말하면 제1원칙은 자유권과 관련이 있고 제2원칙은 평등권 혹은 요즘 말하는 사회권과 관련이 있다. 그런데 이 둘은 가끔 충돌하기도 한다. 이럴 경우는 어떻게 처리해야 할까. 예를 들면 경제적 평등이 요구되는 경우 자유를 유보할 수 있을까. 이것은 개발독재 시대에 왕왕 제기되는 딜레마다.

우리에게도 1970~1980년대 수많은 사례가 있다. 독재자의 논리는 우선 성장을 해야 하니 그동안은 자유를 잠시 유보할 수밖에 없다는 것이다. 이것은 경제를 위해 독재를 인정해달라는 것과 마찬가지다. 그러나 롤스는 이에 대해 절대적으로 반대한다. 롤스는 말한다. 만일 자유와 경제에 서열을 만들 필요가 있다면 단연코 자유가 먼저라고.

제1원칙이 제2원칙보다 우선하는 서열적 순서로 배열되어야 한다. …… 제1원칙이 요구하는 평등한 기본적 자유에 대한 침해가 보다 큰 사회적·경제적 이득에 의하여 정당화되거나 보상될 수 없다는 것을 뜻한다. 106~107쪽

무상급식 논쟁과 『정의론』

이제 『정의론』의 책장을 닫으면서 요즘 복지논쟁에 대해 한마디 해야겠다. 이것이 바로 이런 책을 읽는 이유이다. 이런 책을 읽는 것은 그저 명저이기 때문이 아니라 그것에서 우리들의 실제적 문제를 해결하는 지혜를 배울 수 있기 때문이다. 여하튼 여기에서는 지면상 무상급식 하나만 보도록 하자. 나는 이 문제가 왜 이렇게 파열음을 내는지 알 수

가 없다. 이 문제를 롤스식으로 풀면 어떤 결론이 나올까.

무상급식은 무상교육과 관련되어 논쟁된다. 당연한 이야기다. 무상급식 찬성론자는 무상급식은 무상교육의 한 내용이고 무상교육이 국가의 의무라면 무상급식 또한 국가의 의무로 보아야 한다고 한다. 반대론자는 무상급식 문제는 무상교육과 직접적으로 관련이 없으며 만일 저소득층을 위한 것이라면 그들에 대해서만 선별적으로 지원하면 된다고 한다. 그래야 정의의 원칙에 맞는다고 한다.

생각해보면 교육과정에서 먹는 문제는 교육의 한 과정일 수밖에 없다. 사람이 먹지 않고서야 공부를 할 수 없지 않은가. 따라서 무상급식은 무상교육의 한 내용이다. 만일 무상급식이 문제가 된다면 그것은 그 자체가 문제가 아니라 무상교육이 문제가 될 뿐이다. 그렇다면 문제는 무상교육이다. 왜 무상교육을 해야 하는가, 이것을 밝혀야 한다.

무상교육은 위에서 본 대로 차등의 원칙을 적용하기 위한 전제이기 때문에 하는 것이다. 차등의 원칙이 허용되는 조건은 두 가지다. 하나는 불평등이 구성원 전체에, 그중에서도 최하층의 사람들에게 이익이 되어야 하고, 기회가 균등하게 보장되어야 한다. 무상교육은 이 중에서도 후자의 조건 때문에 하는 것이다.

한 사회가 그 구성원들에게 최소한의 교육을 공적으로 부담하지 않으면 그 사회는 구조적으로 불평등한 사회가 된다. 아는 것이 힘이지 않는가. 못 배운 사람이 어떻게 계층 이동을 할 수 있겠는가. 이것을 가능하게 하기 위한 최소한의 제도가 보편적 교육이다. 이 보편적 교육을 위해 국가는 일정단계에 이르기까지 무상교육을 해야 하는 것이다.

그런 면에서 무상교육은 최소한의 사회 안전망이다. 이 안전망은 빈

부의 격차와 관련이 없고 모든 이를 위한 제도이다. 공사장에 안전망이 쳐지면 거기에는 일정한 크기 이상의 돌 모두가 걸리는 것과 마찬가지다. 가난한 사람이건, 부자건 상관이 없다. 건강보험을 생각해보라. 건강보험이 적용될 때 부자와 빈자를 차별하는가. 아니다. 왜냐하면 그것은 최소한의 안전망이기 때문이다.

무상급식 반대론자도 무상교육을 반대하지는 않는다. 또한 그들도 가난한 자의 자식에 대해서 무상급식을 반대하지 않을 것이다. 문제는 부자의 자식인데, 그들은 부자까지 왜 무상급식을 해야 하느냐고 묻는다. 언뜻 보면 굉장히 서민을 위하는 말처럼 들린다. 그들은 왜 이건희 회장의 손자까지 돈을 안 내고 급식을 먹을 수 있게 하느냐고 말한다.

특별히 재벌을 옹호할 생각은 없지만 그래도 이 말은 해야겠다. 이건희 회장도 보편적 복지의 당당한 대상이라고. 만일 이 말이 틀리면 이건희 회장의 손자는 건강보험도 적용되어서는 안 된다. 이게 말이 될까. 건강보험료는 부자가 더 많이 내는데 부자에겐 아무런 혜택도 주지 않는다? 이것은 내가 부자라도 승복하기 힘들다.

부자는 가난한 이보다 세금을 많이 낸다. 국가 재정에 기여도가 훨씬 큰 사람이 부자다. 이런 사람이 그 자식을 공립학교에 보낸다고 해서 돈을 내라고 할 수는 없는 일이다. 그는 당연히 국가에 대해 무상교육을 요구할 수 있어야 한다. 그들이 세금 내는 것을 생각하면 사실 그 자식에 대한 무상교육은 자기 돈으로 자기 자식을 가르치는 것이나 마찬가지다. 그들에게 따로 돈을 내라고 하면 부자에 대한 이중과세다. 이것은 부자라고 해서 참을 수 있는 것이 아니다. 부자가 어디 봉인가.

무상교육은 롤스식으로 보면 당연히 해야 하고, 무상급식은 무상교육의 한 부분이니만큼 그 또한 해야 하는 것이 당연하다. 무상교육은 부의 세습을 막고 차등의 원칙을 적용시키기 위한 최소한의 장치, 곧 기회균등의 장치다. 따라서 무상급식은 적어도 롤스의 정의의 원칙하에서는 아무런 문제가 없다. 오히려 그것을 하지 않는 것이 정의의 원칙에 어긋나는 것이다.

존 롤스는 누구인가

 존 롤스(John Rawls)는 1921년 미국 볼티모어에서 태어났다. 프린스턴 대학에서 인문학을 전공한 다음 제2차 세계대전에 참전했다. 전후 다시 프린스턴으로 복귀하여 도덕철학을 공부하여 박사학위를 취득했다. 1950년대 그는 영국 옥스퍼드 대학에서 연구하는데, 여기에서 자유주의 정치철학자인 이사야 벌린과 실증주의 법철학자 하트를 만나 그들로부터 영향을 받았다. 그 후 미국에 돌아와 코넬 대학을 거쳐 하버드 대학에 정착하여 그곳에서 40년 이상 철학을 연구하고 가르쳤다. 이로써 그는 20세기 미국 철학사에서 롤스주의(Rawlsianism)라는 자신만의 철학적 지향을 만들어냈다. 롤스의 영향을 받은 제자 그룹은 수없이 많지만 그중에서도 마사 너스바움, 토마스 내이겔 등은 현존하는 미국 철학자들 중 최고로 꼽힌다.

롤스의 평생 관심사는 합리적인 사고를 하는 모든 사람들이 공정한 입장에서 수락할 수 있는 정의의 원칙을 수립하는 것이었다. 바로 『정의론』(1971)은 이와 같은 그의 관심사를 오랜 탐구 끝에 결실로 맺은 대표작이자 20세기 최고의 정치철학서이다. 그는 이 외에도 그의 3대 주저라고 이야기되는 『정치적 자유주의』(1993)와 『만민법』(1999) 등을 저술했다. 그는 2002년 사망했다.

제 5강

인간은
왜 자살하는가

Emile Durkheim

우리나라의 사회 현상 중 가장 비극적인 것은 자살이다. 지난 10여 년 간 우리나라의 자살률은 세계 최고 수준이 되었다. 어떻게 이런 일이 일어날 수 있는가. 부모로부터 받은 신체발부를 터럭 하나 건드리는 것도 불효라고 생각한 우리의 문화로는 도저히 설명이 안 된다. 그래서 제5강에서는 그것을 한 번 이해해보기로 한다. 도대체 자살은 왜 일어나고 그것을 방지할 수 있는 방법은 없는지 좀 진지하게 생각해보자.

자살공화국 대한민국, 그 오명을 어떻게 벗을까

에밀 뒤르켐의 『자살론』으로 보는 자살의 원인과 해법

자살공화국, 대한민국의 자화상

통계청이 2010년에 발표한 '2009년 사망원인 통계 결과'에 따르면 우리나라에서는 2009년 한 해 1만 5,413명, 하루 평균 42.2명이 스스로 목숨을 끊었다. 인구 10만 명당 31명꼴로, 2008년의 26명보다 무려 19.3% 증가했다. 이 같은 자살률은 1990년대 초반부터 증가하기 시작해, 1990년대 후반 금융위기를 거친 이후 급속도로 증가하고 있다. 특히 지난 30년간 자살률 추이는 거의 400% 증가에 육박한다. 이 같은 현상은 경이적이며, 세계에서도 거의 유래를 찾기 힘들 정도다.

우리나라 자살률은 OECD 회원국 가운데서도 독보적인 수준으로, OECD 평균 자살률이 10만 명당 11.2명인 것을 생각하면 거의 3배에 가까운 수치다. 우리나라는 이제 과거 자살률에 있어 항상 1위를 차지한 헝가리를 멀찌감치 따돌리고 영광(?)스럽게도 세계 제1위에 등극했다. 이러니 대한민국을 자살공화국이라고 말해도 틀린 말은 아닐 것이

다. 정말 자살 문제는 대한민국 최대의 사회문제다.

『자살론』 한번 읽어볼 만한 책

이런 상황에서 여기서 소개하는『자살론』(황보종우 옮김)은 자살의 사회적 의미와 원인을 분석하고 그 대안을 만들어나가는 데 성찰의 기회를 제공할 것이다. 이 책은 사회학의 초석을 쌓은 뒤르켐이 39세에 지은 책으로 사회학의 영원한 명저이다. 다만, 사회학을 전공하지 않은 사람이라면 선명히 그 내용이 전달되지 않을 수도 있다.

이럴 때는 전문가의 도움을 받아가며 뒤르켐의 사회학 그리고 이 책의 의미를 이해해 나가는 것도 방법이라 생각한다. 그런 면에서 뒤르켐과 베버를 비교하면서 사회학의 의미를 전달한『뒤르켐 & 베버: 사회는 무엇으로 사는가?』(김광기 지음)는 괜찮은 참고서가 될 것이다.

『자살론』의 사회학적 의미는 무엇인가

대학에서 법학을 공부하는 사람이 다른 영역의 이야기를 하자니 부담감이 앞선다. 그러나 용기를 내서 좀 아는 척을 해보자. 그렇지 않으

면 이 책의 의미를 제대로 설명도
못하고 단순히 책 소개를 하는 데
그칠 수 있으니 말이다.

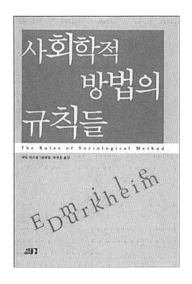

　사회학이라는 학문은 그리 오
랜 역사를 가진 학문이 아니다.
19세기 후반에 시작되었으니 학
문의 후발 주자임이 분명하다. 사
회학이 학문의 반열로 올라가는
데 뒤르켐의 역할이 지대했다. 왜
일까. 그것은 그가 사회학의 연구
방법과 연구대상을 정확히 설정
함으로써 사회학을 다른 학문과 구별되는 독자적 학문으로 대접받을
수 있도록 했기 때문이다.

　이 말을 정확히 이해하기 위해 뒤르켐의 또 다른 저서『사회학적 방
법의 규칙들』(윤병철 외 옮김)을 읽으면 보다 분명해진다. 그러나 이것을
읽지 않는다 해도 뒤르켐은 자신의 연구방법론을『자살론』의 머리말
이나 서론 부분에서 충분히 말하고 있다.

　뒤르켐은 사회학이 '사회적 사실을 사물로서, 개인의 외부에 존재하
는 실체'로서 연구해야 한다고 말한다. 뒤르켐 사회학을 이해하기 위
해서는 이 말을 제대로 이해해야 한다. 그러면 여기에서 '사회적 실체'
란 무엇일까. 이를 위해서는 먼저 '사회' 자체에 대한 이해가 전제되어
야 하는데, 사회는 개인의 실체를 넘는 집단적 실체를 의미한다.

　사회는 사람들의 모임으로 구성되지만 그것은 단순 구성체가 아니

다. 일단 사회를 이루면 그것은 개인을 초월하는 별도의 메커니즘을 갖는 별도의 실체가 된다. A와 B가 모이면 그냥 A+B가 되는 것이 아니라 새로운 실체인 C가 된다. A와 B 두 사람으로 구성되는 사회는 그냥 두 사람이 아니라 새로운 속성을 갖게 되는 C라는 사회 ― 아마도 사회를 만든 A와 B도 이런 속성이 있을 줄은 애당초 몰랐을 것이다 ― 로 만들어진다는 것이다. 이 C에서 발견되는 현상, 그것이 사회적 실체이고 사회학은 바로 그것을 대상으로 연구하는 것이다.

위 설명을 들어도 좀 알쏭달쏭하게 생각하는 사람들은 이제 본격적으로 보게 되는 『자살론』의 사회학적 성격을 살펴보면 쉽게 이해될 것이라 믿는다. 『자살론』은 뒤르켐 사회학의 대표적 실례로서 뒤르켐은 자살이라는 사회적 사실을 사물처럼 취급하여 사회학사에서 기념비적인 학문적 성과를 냈던 것이다.

뒤르켐은 자살을 한 인간의 내면의 심리학적 측면에서 관찰하지 않고 한 사회에서 일정한 기간 동안 일어난 사실 전체로 보았다. 그렇게 보면 그 전체는 개별 자살 사건의 단순한 합계가 아니라 그 자체가 하나의 통일성, 개별성 및 그에 따른 독자적인 본질을 가진 새로운 사회 현상이 된다. 뒤르켐의 관심사는 한 개인의 자살원인이 아니라 자살의 사회현상이었다. 다른 말로 바꾸면, 그의 관심사는 '그녀가 자살을 왜 했는가'가 아니었다. 그보다는 '어떻게 특정 사회에서 자살의 경향성이 일정할 수 있는가'였다.

그렇다. 뒤르켐이 사회학이라는 학문 분야를 통해 자살에 대해 알고자 했던 것은 사회 전체의 자살의 경향성에 관한 것이었다. 예를 들면 이런 것이다. 왜, '가톨릭교도보다 개신교도가 자살할 가능성이 높을까', '왜 기혼자보다 미혼자가 자살을 많이 할까', '왜 시골에 사는 사람보다 도시 사람들이 더 자살을 많이 할까' 등이다.

이와 같은 관심사를 해결하기 위해서 중요한 것은 개개의 자살이 아니라 사회 전체의 자살률이고, 그 방법론은 통계학이 될 수밖에 없다(주변의 사회학 공부하는 사람을 보라. 매일 하는 것이 통계처리다! 뒤르켐의 후예들이다). 이러한 방법론으로 자살을 연구하면 자살에 대해 개인에 대한 심리학적 접근방법에서 알 수 없었던 수많은 사실을 알게 된다. 그것이 바로 뒤르켐이 알고자 했던 사회적 현상이자 사회적 실체였다.

『자살론』은 이와 같이 사회학사에서 새로운 이정표라고 할 수 있는 뒤르켐식 사회학 방법론에 따라 본격적으로 연구된 자살에 대한 사회학 보고서이다. 그러니 이 책은 자살 그 자체에 대한 연구서로서의 가치도 있지만 사회학 방법론적 입장에서도 고전으로 취급되는 것이다.

『자살론』의 핵심은 무엇인가

이 책은 사회적 자살률에 관한 연구서이다. 뒤르켐의 관심은 사회적 자살률에 영향을 주는 것이 무엇이냐에 있었다. 뒤르켐은 우선 비사회적 요인이라고 할 수 있는 정신질환, 인종, 유전, 풍토 등과 같은 요인이 자살률에 영향을 미치는가를 조사했다. 그는 통계학적 분석을 한 다음 이런 것들은 예상과는 달리 자살률과 큰 관련이 없다고 결론을 내렸다.

그렇다면 자살률에 영향을 미치는 것은 무엇인가. 그것은 바로 '사회'라고 하는 실체에서 비롯되는 사회적 요인이라고 결론을 낸다. 뒤르켐이 각종 자살 관련 통계에서 발견한 사회적 요인으로서의 자살의 원인은 '사회의 응집력' 혹은 '연대력'이라는 현상이었다.

이것은 자살률이 사회의 응집력 정도에 따라 달라질 수 있다는 말이다. 사회의 응집력이 강한 곳은 약한 곳에서보다 자살률이 더 낮다는 것이다. 물론 응집력이 강하다고 자살이 아예 일어나지 않는 것은 아니다. 다만 이러한 때 일어나는 자살은 응집력이 약할 때 일어나는 자살과는 그 양상을 달리한다.

『자살론』이 분류하는 자살의 유형

자살률에 영향을 주는 것이 사회적 원인이라고 할 때 그 양상은 다 같은 것은 아니다. 뒤르켐은 그 양상을 세 가지 유형으로 나누어 자살의 사회적 원인을 분석한다. 이 부분이 『자살론』의 핵심에 해당한다. 이에 대해 간단히 알아보자. 뭐, 그리 어려워할 필요는 없다.

이기적 자살

이기적 자살은 한 사회나 집단의 응집력이 대단히 약화되었을 때 나타날 수 있는 자살이다. 사회나 집단의 응집력이 약화되면 집단을 먼저 생각하는 집단주의보다는 과도한 개인주의가 판을 친다. 이러한 상황에서 개인은 주위의 어떤 이와도 끈끈한 연대감을 맺지 못한다. 그러므로 그에게는 소속한 사회가 아무런 의미가 없다. 뒤르켐의 말로 직접 이러한 자살을 정의하면 이렇다.

개인의 자아가 사회적 자아보다 강력하고 사회적 자아를 희생시키면 서까지 개인의 자아를 주장하는 상태를 이기주의라고 부를 수 있다면 우리는 지나친 개인주의로 인한 자살을 이기적인 자살이라고 부를 수 있을 것이다. 250쪽

이기적 자살은 종교와 매우 깊은 관련이 있다. 서구에서는 과거 중세 시대에 농촌 중심의 봉건사회였기 때문에 종교에 의한 사회적 응집력이 대단히 강했다. 그러나 종교개혁 이후 교리에 대한 개인의 자유가 허용됨에 따라 그 응집력은 약화되었다. 이것이 바로 가톨릭교도보다 개신교도가 높은 자살률을 보이는 이유이기도 하다. 뒤르켐은 이에 대해 다음과 같이 말한다.

종교가 개인의 판단을 허용하면 할수록 인간의 삶에 대한 지배력을 잃고 결속력과 지속력이 약화된다. …… 개신교가 높은 자살률을 보이는 것은 개신교 교회의 통합력이 가톨릭교회보다 약하기 때문이다. 184쪽

응집력 있고 활력 넘치는 사회에서는 모든 성원들 간에 끊임없이 관념과 정서의 교류가 이루어진다. 이런 사회에서는 자살은 좀처럼 일어나지 않는다는 것이 이기적 자살을 통해서 본 『자살론』의 결론이다. 개인은 자기가 좋아하는 집단에 소속되었을 때 자신의 이익보다 소중한 집단의 이익을 배반하지 않으려 한다. 여기에서 삶의 집착이 일어나고 자살률은 떨어지게 된다.

그렇다면 여기에서 말하는 사회는 무엇일까. 뒤르켐이 주목한 사회

는 종교 사회, 가족 사회 그리고 정치 사회였다. 따라서 이들 사회의 응집력 혹은 통합 정도가 높으면 자살률은 떨어지게 된다. 뒤르켐은 이렇게 결론을 낸다.

자살은 종교 사회의 통합 정도에 반비례한다. 자살은 가족 사회의 통합 정도에 반비례한다. 자살은 정치 사회의 통합 정도에 반비례한다.
249쪽

이타적 자살

이타적 자살은 사회적 응집력이 매우 강한 곳에서 일어나는 자살 형태다. 집단의 힘이 개인을 완전히 압도할 때, 그리고 개인에게 있어 집단이 인생의 전부이자 의미일 때 혹은 개인과 집단이 분리되지 않고 완전히 일치할 때, 개인은 집단이 그에게 자살을 직간접적으로 강요하더라도 그것을 마다하지 않는 상황이 발생한다. 이런 상황에서 개인은 집단의 존속을 위하는 것이라면 그것을 위해 요구되는 것이 비록 목숨이라 할지라도 기꺼이 자신의 생명을 바칠 수 있고 나아가 그러한 요구 자체를 영광으로 받아들인다.

과거 태평양 전쟁 시기에 일본의 가미가제 특공대를 연상하면 좋을 것이다. 당시 특공대는 뻔히 출격하면 죽을 것을 알면서도 천황에게 충성을 맹세하고 비행기에 탑승했다. 그리고 그들은 미군의 함정을 향해 장렬히 산화했다. 사람들은 이것이 자살임에도 살신성인으로 은폐한다. 이와 관련하여 뒤르켐은 다음과 같이 말한다.

현대사회를 구성하는 모든 요소 가운데 군대는 가장 미개 사회의 구조를 연상케 하는 요소이다. 군대 역시 미개 사회처럼 개인에게 엄격한 기준을 강요하고 개인의 독립적 행동을 막는 집단적이고 단일한 그룹이다. 따라서 이 정신적 특질이 이타적 자살의 천혜의 토양이 되기 때문에 군대의 자살은 이타주의와 같은 성격이며, 같은 원인에서 기인한다고 할 수 있다. 285~286쪽

아노미적 자살

아노미적 자살은 사회의 규제와 억압이 존재하지 않거나 모호한 상태, 즉 무규범 상태나 아노미 상태에서 발생할 수 있는 자살을 말한다. 이런 상황은 사회가 경제적 위기에 처해 사회적 규율 상태가 혼란스런 상태에 달했을 때 자주 생긴다. 이것은 인간의 욕구를 사회가 적절히 통제하지 못하는 경우라고 할 수 있다. 뒤르켐이 이에 대해 설명하는 것을 직접 들어보자.

만일 산업이나 금융위기가 자살을 증가시킨다면 그것은 그런 위기가 빈곤을 초래하기 때문이 아니다. 갑작스런 번영도 같은 결과를 가져오기 때문이다. 자살이 증가하는 이유는 그것이 위기이기 때문이다. 즉, 집단적 질서가 흔들리기 때문이다. 모든 평형상실은 그것이 비록 수입을 증가시키고 일반적인 활력을 증대시킨다 할지라도 자살의 자극제가 된다. 사회질서가 심각하게 재적응해야 하는 상황에서는 그것이 갑작스러운 성장이든 예기치 않은 재난이든 간에 사람들이 자살하기 쉽다. 303쪽

이것을 보면 사람들이 규제와 억압을 혐오하는 것 같지만 사실은 그 반대다. 규제와 억압이 없는 상황 또한 견디지 못한다는 것이다. 사람들은 사회의 통제력이 이완되면 미래에 대한 불확실성으로 말미암아 끊임없이 변화를 추구하는데 그 결과 좌절, 불안, 불만 등이 점증하며 급기야는 자살을 선택하기도 한다. 이러한 상황에서 발생하는 자살이 아노미적 자살이다.

뒤르켐은 결혼과 관련하여 이혼이 흔한 사회에서 결혼이라는 사회적 제도는 사람들로 하여금 사회적 아노미를 불러 일으켜 자살로 이끈다는 것을 강조한다.

이혼제도로 인한 결혼의 아노미 상태는 이혼과 자살의 비례 현상을 설명해준다. 즉, 이혼이 빈번한 사회의 기혼남자 자살은 아노미성 자살이다. 그것은 그러한 사회에 나쁜 남편과 나쁜 아내가 많기 때문이 아니며 불행한 가정이 많기 때문도 아니다. 341쪽

독자들은 위 설명에 대해 대체로 고개를 끄덕일 것이다. 그런데 곰곰이 생각하면 이기적 자살과 아노미적 자살은 얼핏 유사하다고 생각하지 않는가. 나는 책을 아무리 읽어보아도 그렇게 보인다. 왜냐하면 이기적 자살이나 아노미적 자살 모두 사회와 개인 간의 관계가 응집력이나 연대력이 이완된 상태에서 일어나는 것은 마찬가지이기 때문이다. 그럼 도대체 그 차이는 무엇일까. 이에 대해 뒤르켐은 이렇게 설명한다.

이기적 자살의 경우 성찰적 지성이 무절제하게 악화되며 아노미성 자살의 경우에는 감정이 너무 흥분해서 모든 규제를 벗어나게 된다. 이기적 자살은 사고가 자아 속으로 후퇴함에 따라 목표를 잃은 경우이고, 아노미성 자살은 한계를 모르는 열망이 목표를 잃은 경우이다. 361쪽

도대체 이 말이 무엇인가. 알쏭달쏭하다. 그렇기에 이 부분에 대해서는 전문 사회학자 사이에서도 많은 논란이 있다. 나의 견해는 이렇다. 이기적 자살은 자살자 스스로 사회와의 연관을 끊는 것이다. 그래서 그는 소극적인 사람이 된다. 그리고 그는 사회와 자기는 무관하다고 느끼고 급기야는 자살을 선택한다.

반면, 아노미적 자살에서 자살자는 사회와의 연결을 도모한다. 아니, 그는 그것이 꼭 필요하다고 생각하나 현실은 그렇지 못하다. 자신은 사회와 연관되어 그 사회의 일정한 통제 속에서 살기를 원하는데 불행하게도 이제는 사회가 정상이 아니다. 그는 이 현상에 좌절하며 분노한다. 그리고 자살을 선택한다. 이것은 위에서 본 결혼 아노미와 연결해서 보면 분명해진다. 결혼제도가 거의 이완되어 결혼이 더 이상 개인을 통제하지 못한다면 결혼으로 인한 그의 안정감은 더 이상 기대할 수 없지 않은가.

대한민국, 자살공화국의 오명 어떻게 벗어날까

현재 우리나라의 자살 현상을 뒤르켐이 말하는 사회적 요인에 의한

자살 유형으로 설명이 가능할지는 솔직히 자신이 없다. 다만, 지난 30년간 자살률의 기록적인 증가를 우리 사회의 급격한 해체에서 찾는다면 그것은 분명 뒤르켐식 사회학적 인식과 관련이 있다. 특히 1990년대 후반 금융위기 이후 자살이 급증하는 것은 위의 아노미적 자살과 상당한 관련이 있어 보인다. 사회의 규범력이 이완되어 더 이상 사람들을 사회라는 공동체로 끌어 들이지 못하는 현상으로 볼 수 있다는 말이다.

뿐만 아니라 노인이나 청소년 자살의 급증은 이들이 사회에 대해 더 이상 어떤 연대감이나 희망을 갖지 못하는 상황에서 일어난다고 할 수 있다. 이것은 위의 이기적 자살의 한 형태로 읽을 수 있다. 그뿐인가. 종교의 사회적 역할이 점점 퇴락할 때 자살률이 높아진다는 뒤르켐의 주장도 한국 사회의 종교의 현실을 살펴볼 때 부인할 수 없다. 한국 사회에서 종교가 자살을 막지 못한다는 것은 더 이상 설명할 필요도 없는 현실이 아닌가.

결국, 뒤르켐의 통찰력은 한국 사회의 자살에도 상당 부분 적용될 수 있다는 것이다. 그렇다면 이러한 통찰력에서 나오는 자살률 감소의 방법은 무엇일까. 두 말할 것도 없이 '사회 통합력의 복원'일 것이다. 매일 매일 숨 막히는 경쟁사회에서 살아가는 사람들이 어느 순간 삶의 의지를 잃어버리면 그 순간 자살의 유혹이 올 수밖에 없다. 그런 사람에게 사회는 아무런 의미 없는 존재이기 때문이다.

대한민국 사회에 새로운 꿈을 심어야 한다. 너를 밟아야 내가 산다는 식의 경쟁논리만으로는 이 사회가 유지될 수 없다. 어려워도 모두 함께 같이 가는 사회, 가진 것을 나누어 함께 즐길 수 있는 사회, 그런 사회를 만들 때 비로소 우리 사회의 응집력은 다시 살아나 사람들은 삶에 애착을 보이게 될 것이다. 이것이 바로 『자살론』이 주는 교훈이다.

에밀 뒤르켐은 누구인가

에밀 뒤르켐(Emile Durkheim)은 1858년 프랑스 로렌 지방 에피날의 유대인 가정에서 태어났다. 예나 지금이나 프랑스의 수재들이 입학하는 파리 고등사범학교를 졸업하여 보로도에서 교수 생활을 시작했고, 그 후 파리 소로본 대학의 교수가 되었다. 그는 일찍이 사회학의 고유방법론을 확립하는 데 기여했고, 이를 바탕으로 분업, 자살, 가족, 국가, 사회정의 등 당시 서구사회가 직면한 사회적 문제의 본질을 밝히는 데 주력했다. 뒤르켐은 당대에 오귀스트 콩트, 막스 베버와 더불어 세계적인 사회학자의 반열에 올랐으며 그의 사회학 방법론에 따른 뒤르켐 학파의 선구자가 되었다. 1917년 59세의 나이로 사망했다.

주요 저서로는 『자살론』(1897) 외에도 『사회분업론』(1893), 『종교생활의 기초형태』(1912) 등이 생전에 출간되었고, 『교육과 사회학』(1922), 『사회학과 철학』(1924), 『사회주의』(1928), 『사회학 강의』(1950), 『프래그머티즘과 사회학』(1955) 등이 사후에 출간되었다.

제6강

신자유주의는
환상이다

Karl Polanyi

요즘 세상 살면서 제일 많이 듣는 용어 중 하나가 신자유주의라는 말이다. 대충 아는 이야기다. 그런데 그 실체를 제대로 아는 이가 드물다. 제6강에서는 이것을 한번 생각해보자. 도대체 신자유주의의 실체가 무엇인지, 도대체 이런 경제 체제가 우리의 미래를 행복으로 인도할 수 있는지. 이미 이 문제는 지금으로부터 66년 전에 한 석학에 의해 문제제기가 된 것이다. 칼 폴라니다. 그의 선견지명을 이 강의를 통해 들어보고 우리의 신자유주의를 판단해보자.

신자유주의 원조 저격수 칼 폴라니에게 묻다

『거대한 전환』에서 발견하는 신자유주의라는 환상

신자유주의로 얼룩진 한국 경제

요즘 SSM이라는 용어가 관심을 끈다. 대형 유통업체가 운영하는 기업형 슈퍼마켓(Super Supermarket)을 말하는데 이것이 동네 한가운데로 들어오고 있다. 그 바람에 구멍가게를 비롯하여 재래식 시장 상인들은 생존을 위협당하고 있다. 거대 자본의 가격 경쟁력을 동네 조그만 슈퍼마켓 주인들이 무슨 수로 당해낼까. 이와 같은 현상을 자유경쟁이 지배하는 시장자본주의의 당연한 현상으로 받아들여야 할까.

또 하나 사례를 들어보자. 얼마 전 어떤 대형 유통업체가 5,000원짜리 튀김 통닭을 내놓았다. 집 주위에서 흔히 볼 수 있는 통닭집에서 한마리를 먹으려면 1만 5,000원 이상은 주어야 하는 데 3분의 1도 안 되는 가격에 판다니 가격파괴도 이만저만이 아니다. 그러니 이 업체에 통닭을 사려는 손님들이 문을 열자마자 인산인해를 이루었다고 하는 것도 당연했으리라. 이렇게 되니 주변 통닭집은 직격탄을 맞았다. 매상이 급격히 떨어져 손님을 구경할 수 없게 된 것이다. 이것도 자유경쟁을 금과옥조로 하는 시장자본주의의 속성상 어쩔 수 없는 일이라고 해야 할까.

도대체 구멍가게를 하는 동네 아저씨도, 재래식 시장에서 하루하루 땀을 흘리며 살아가는 아주머니도, 통닭집 운영해서 한 번 살아보겠다는 젊은 부부도 노동의 기쁨을 누리며 이 땅에서 아들 딸 키우며 살 수 있는 방법은 없다는 말인가. 세상이 이렇게 자본의 논리에 의해 잡고 잡히는 식으로 마냥 흘러가도록 내버려두어야 하는 것인가. 그리고 그 모든 상황은 시장자본주의의 자기 조절적 기능이 해결해줄 것이라고 믿으면 되는 것인가.

자유경쟁과 시장의 조절기능을 들먹이며 그것이 경제를 움직이는 지고의 원칙이라고 주장하는 사람들의 철학을 우리는 자유주의 경제철학이라 부른다. 이러한 철학은 산업혁명 이후 본격적으로 시작된 시장자본주의에서 비롯되었다. 소위 경제는 보이지 않는 손(이를 '시장'이라 한다)에 의해 조절되는 것이니 국가는 개입하지 말라는 것이다. 국가는 그저 사람들의 자유로운 계약과 그 이행이 이루어지도록 질서만 잡아주면 되지 그 이상의 일을 해서는 안 된다. 괜히 국가가 나서면 될 일도 안 된다. 작은 정부가 아름답다는 것이다.

그런데 이러한 경제철학은 1930년대 세계 대공황을 맞이해 근본적인 회의에 부딪혔다. 바야흐로 케인지안 시대에 돌입한 것이다. 국가의 개입이 정당화되고 그것 없이는 경제가 돌아가지 않음을 깨닫게 된 것이다. 그로부터 다시 60년 후 세 번째 밀레니엄을 맞이하면서 세상은 자유주의 물결이 넘친다. 신자유주의가 등장한 것이다. 이 철학은 우리

경제에 대해 개방, 민영화, 자유화, 시장주의라는 이름의 정책을 줄기차게 요구한다. 이들은 경쟁에서 살아남지 못하면 죽을 것이고, 살기를 원하면 죽기를 각오하고 싸워야 한다고 우리를 세뇌시킨다. 이것이 우리 대한민국의 현주소이다. 이 현실이 소름 끼치지 않는가.

신자유주의 원조 저격수 칼 폴라니

칼 폴라니. 그는 제2차 세계대전이 끝나가는 시점인 1944년에 한 권의 책을 쓴다. 『거대한 전환』(홍기빈 옮김)이다. 그는 이 책에서 자기조정과 자유로운 경쟁에 의한 시장자본주의는 하나의 유토피아에 불과하다고 하면서 사람들에게 꿈에서 깰 것을 강조한다.

자기조정 시장이라는 아이디어는 한마디로 완전히 유토피아이다. 그런 제도는 아주 잠시도 존재할 수가 없으며, 만에 하나 실현될 경우 사회를 이루는 인간과 자연이라는 내용물은 아예 씨를 말려버리게 되어 있다. 인간은 그야말로 신체적으로 파괴당할 것이며 삶의 환경은 황무지가 될 것이다. 94쪽

이 말은 시장자본주의가 말하는 자기조절 기능이라는 것은 하나의 환상에 불과하다는 것이다. 그것에 의해서는 절대로 경제가 제대로 돌아갈 수 없다는 말이다. 이것은 곧 국가 개입의 불가피성을 말하는 것이다. 국가 개입 없는 경제란 있을 수 없고, 또 그런 경제는 역사상 존

재하지도 않았다는 말이기도 하다. 자유로운 시장자본주의가 완전히 꿈이라니 이 말이 무엇인가. 이에 대해 올해 베스트셀러가 된 장하준 교수의 『그들이 말하지 않는 23가지』는 놀라울 정도로 유사한 말을 토해낸다.

자유시장이라는 것은 환상이라는 이야기이다. 자유시장처럼 보이는 시장이 있다면 이는 단지 그 시장을 지탱하고 있지만 눈에는 보이지 않는 여러 규제를 우리가 당연하게 받아들이기 때문에 그런 것일 뿐이다. 『그들이 말하지 않는 23가지』, 22쪽

그러니 장하준 교수의 말은 폴라니의 말을 다시 반복한 것에 지나지 않는다. 폴라니가 66년 전 『거대한 전환』에서 명언한 것을 장 교수는 현재의 시점에서 다시 한 번 정확히 재현했다. 이것은 시장자본주의에 대한 폴라니의 비판이 지금도 여전히 유효하다는 것을 의미한다. 그런 면에서 나는 폴라니를 신자유주의의 원조 저격수라 부르고 싶다.

『거대한 전환』은 어떻게 구성되었는가

『거대한 전환』은 크게 3부로 구성되어 있다. 제1부(국제시스템)와 제3부(진행 중인 전환)는 제1차 세계대전, 대공황, 유럽대륙의 파시즘, 미국의 뉴딜과 소련 의 첫 5년간의 경제개발 등의 사건을 낳았던 당시 세계정세에 초점을 맞추고 있 다. 여기에서 폴라니는 하나의 큰 의문을 제기한다. 1815년부터 1914년에 이 르기까지 100년간 번영을 누리던 유럽 이 왜 갑자기 세계대전에 빠져들고 경제 적 붕괴가 왔는가.

이 질문에 대한 답은 제2부가 말해준 다. 제2부는 이 책의 가장 중심 부분인 데 여기에서 폴라니는 시장자유주의가 어떤 과정을 거쳐 발전되었는지를 밝히고 이러 한 발전이 세계대전과 대공황으로 이어질 수밖에 없었던 연원을 따진다. 그는 제1차 세 계대전과 대공황으로 이어진 경제 질서의 붕괴는 모두가 시장자유주의를 지구적 차원 에서 조직하려는 시도의 직접적 결과라고 보고 있다. 그리고 파시즘의 탄생을 이러한 시장자유주의의 거대한 전환 끝에 나온 또 다른 전환의 한 과정으로 설명한다.

『거대한 전환』은 폴라니의 방대한 독서에 근거한 세기의 역작으로 평가된다. 이 책에는 역사, 철학, 인류학, 사회 이론 등 다양한 시각에 의한 경제분석이 동원된다. 이런 이유로 비전문가가 이 책을 일목요연 하게 요약한다거나 그의 정치·경제·철학을 알기 쉽게 정리한다는 것은 매우 어려운 일이다. 하지만 폴라니를 연구하는 전문가들의 도움을 받으면서 이 책을 읽어 나가면 폴라니가 말하는 시장자본주의 모순의 한 가운데에 다다를 수 있다.

노동 · 토지 · 화폐의 상품화는 허구

첫째, 폴라니는 시장자본주의가 노동·토지·화폐를 상품으로 보고 경제시스템을 만들려고 한 것이 완전히 허구라고 주장한다. 이 부분은 이 책의 제2부 제6장에 나오는데 폴라니를 연구하는 사람들은 누구나 이곳을 폴라니 주장의 핵심으로 인정한다. 우리는 경제학 공부를 하면서 임금은 노동에 대한 가격이고, 지대는 토지 사용의 가격이며, 이자는 화폐를 사용하는 가격이라고 배웠다. 바로 이것이 시장자본주의 곧 19세기 이후의 고전 경제학의 주요 내용이다.

따라서 시장자본주의에서는 이들 요소를 공장의 상품과 같이 취급해야 하며 그 가격형성과 수요공급은 시장의 자기조절 기능에 맡겨야 한다는 믿음을 강조한다. 이 말은 이들 영역에 국가는 가급적 개입해서는 안 된다는 말을 의미한다. 그러나 폴라니는 노동·토지·화폐는 근본적으로는 상품이 아니며, 될 수도 없다고 주장한다.

상품에 대한 경험적 정의에 따르면 이 세 가지는 상품이 될 수 없다. 노동이란 인간 활동에 대한 다른 이름일 뿐이다. 인간 활동은 인간의 생명과 함께 붙어 있는 것이며, 판매를 위해서가 아니라 전혀 다른 이유에서 생산되는 것이다. …… 토지란 단지 자연의 다른 이름일 뿐인데, 자연은 인간이 생산할 수 있는 것이 아니다. …… 화폐는 그저 구매력의 징표

일 뿐이며, 구매력이란 은행업이나 국가 금융 메커니즘에서 생겨나는 것이지 생산되는 것이 아니다. …… 그러므로 노동·토지·화폐를 상품으로 묘사하는 것은 전적으로 허구이다. 243쪽

폴라니는 본래부터 상품이 될 수 없는 노동·토지·화폐에 대해 시장자본주의가 제대로 작동될 수 없음을 강조한다. 그럼에도 이들 요소에 시장자본주의를 적용시킨다면 그것은 결국 자본주의의 파국으로 연결될 수밖에 없다는 것이다.

오늘날 신자유주의하에서 고용의 자유는 당연한 것으로 받아들인다. 그러나 사회 안전망이 제대로 갖추어지지 않은 상태에서 고용의 자유는 노동자를 죽음으로 몰아넣을 수 있다. 또한 신자유주의는 토지에 대해 그 소유와 사용에 대해 규제를 풀 것을 주장한다. 그러나 그렇게 되는 순간 전국의 땅은 투기 열풍 속에 들어갈 것이며 우리의 소중한 자연환경은 그날로 망가지게 되어 있다.

폴라니는 인간과 자연환경의 운명이 순전히 시장 메커니즘 하나에 좌우된다면 결국 사회는 완전히 폐허가 될 것이라고 경고한다. 그렇다면 이것은 무엇을 말하는 것인가. 그렇다. 자연과 인간을 전적으로 시장에서 가격이 결정되는 물건처럼 다루지 말라는 것이다. 어쩌면 이것은 경제적 주장이 아니라 도덕적 주장이다.

더욱 이 말은 경제에서 국가가 차지하는 국가의 역할을 다하라는 주장이기도 하다. 국가는 그 권력을 사용하여 화폐의 공급과 신용의 공급을 조절하고 노동자들을 위해 실업률을 낮추기 위해 구제수단을 강구해야 한다. 나아가 토지의 경우 농업생산을 위해 농지를 보호하고 각종

환경규제를 해야 한다. 결코 국가는 이들 생산요소의 운명에 대해 팔짱을 끼고 앉아 있어서는 안 된다는 것이다.

사회의 실체를 발견하다

둘째, 폴라니의 사회사상이다. 그는 이 책에서 사회의 실체를 발견했다고 한다(제10장). 이것은 많은 전문가들로부터 폴라니의 사회사상 중 핵심으로 지적되고 있다. 이 말은 경제와 사회의 관계에 대한 기본 시각을 의미한다. 폴라니는 로버트 오웬의 사회주의에서 사회의 실체를 발견했다고 하면서 사회는 국가 자체도 아니고 시장경제 그것도 아니라고 한다.

시장자본주의에서는 사회가 시장논리(경제)에 의해 종속(지배)된다고 본다. 그러나 폴라니는 경제와 사회의 관계는 오히려 정반대의 관계에 있다고 보았다. 경제는 정치, 종교, 사회관계의 밖으로 빠져나와 그것들을 지배하는 것이 아니라 그 속에 묻혀 있는 것이 정상적 패턴이라는 것이다. 그는 사회를 시장(경제)에 묻어버리는 행위는 모두 인간의 자유와 이상을 근본적으로 파괴하는 비극만 낳고 실패할 수밖에 없다고 한다.

이것은 사실 대단히 도덕적인 주장이다. 사회는 경제보다 훨씬 심오한 것이며 그것은 우리 인간의 자유와 가치 그리고 이상이 잠재해 있는 실체이다. 따라서 경제는 바로 이러한 사회의 실체에 복무하는 기능을 담당해야지 그 이상이 되어서는 안 된다. 이 말은 우리가 사는 사회를 좀 더 인간답게 살 수 있도록 만들고 싶다면 이 사회가 시장경제의 부수물이 되지 않도록 사회에 의한 경제 통제를 허용하라는 말과 다르지 않다.

폴라니의 비전, 자유로운 사회주의

셋째, 폴라니의 비전이 무엇인가이다. 폴라니는 이 책을 통해 어떤 사회를 제안하는 것일까. 단지 시장자본주의를 하나의 허구라고 주장하는 것으로 끝나는 것일까. 나는 그것 이상으로 폴라니가 자유로운 사회주의의 비전을 말했다고 본다.

그는 『거대한 전환』의 마지막 장에서 그의 소망의 일단을 밝힌다. 그 소망의 핵심은 자유이다. 그에게 있어서 자유는 모든 개인 한 명 한 명이 우주에 하나뿐인 소중한 존재라는 믿음에서 시작된다. 그런 고로 그에게는 파시즘과 같은 전체주의는 애당초 고려의 대상이 될 수 없다. 그러나 그의 자유는 거기에서 끝나지 않는다. 그에게는 사회가 중요하다. 왜냐하면 인간의 이상은 사회라는 실재를 통해서만 구체화되기 때문이다. 오로지 인간의 의지와 소망만으로는 인간은 인간답게 살 수 없다. 이것은 우리의 이상이 사회의 일정한 규제와 통제를 통해 달성할 수 있다는 말이다.

한마디로 그는 인간의 자유를 실현하는 사회주의를 희구하고 있는 것이다. 나는 폴라니의 이러한 비전이 결코 허망한 것이 아니었다고 생각한다. 왜냐하면 그의 소망은 유럽의 사회민주주의와 통하기 때문이다. 특히 스칸디나비아 국가의 사회복지 이념은 폴라니의 비전이 강력하고도 현실적이었음을 보여주는 증거라 하겠다. 폴라니의 비전은 지금도 세계 곳곳에서 희구되고 있고 일부 지역에서는 강력하게 실천되고 있지 않은가.

진정한 학자란 무엇인가

나는 이 책을 덮으면서 학자의 임무를 생각해본다. 대학에 있는 연구자로서 이와 같은 책을 읽다 보면 한편으론 부끄럽다. 세상의 위대한 학자들이 풍기는 아우라에 주눅이 들기 때문만은 아닐 것이다. 이들은 보통 학자와는 분명히 다른 큰 꿈을 꾸었다. 그 꿈은 인간과 우주의 본질을 알아내고자 하는 지적 탐구였다.

뉴턴은 우주의 운동법칙이라는 것을 알아내고자 하는 꿈을 가졌다. 도대체 우주는 왜 이렇게 정확하게 돌아가는지 그 운동의 근본을 알고자 했던 것이다. 칸트는 인간이 무엇을 알 수 있고, 무엇을 할 수 있으며, 무엇을 해야 하는지에 대해 알고자 했다. 한마디로 인간의 본질을 누구보다 더 잘 알고자 했던 것이다. 마르크스 또한 인간사를 지배하는 경제법칙을 알고자 했다. 아니 그 이상으로 경제법칙에 의해 규율되는 세상사를 알고자 했다. 모두 담대한 꿈을 꾸었던 것이다.

칼 폴라니는 어떤 꿈을 꾸면서 이 책을 썼는가. 한 세기를 지배한 시장자본주의의 실체를 알고자 했다. 그래서 그는 시장자본주의의 병폐의 근원을 낱낱이 밝혔다. 그런 면에서 폴라니의 『거대한 전환』은 분명 시대를 뛰어 넘어 근본적인 문제에 대해 통찰력을 보여준 역작임이 분명하다. 우리에게도 바로 이런 꿈을 꾸는 진짜 학자들이 나와야겠다. 단순히 세상의 지식을 모아 학생들에게 전달하는 수준이 아니라 근본에 천착하여 인간과 우주의 본질을 발견하는 그런 학자들이 나와야겠다는 말이다. 그러니 나부터 반성할 일이다. 진짜 공부를 해야겠다. 폴라니를 통해 얻은 담대한 꿈이다.

칼 폴라니는 누구인가

칼 폴라니(Karl Polanyi, 1886~1964)는 오스트리아 빈에서 출생하여 젊은 시절 헝가리에서 학창생활을 보냈다. 제1차 세계대전이 끝나고 헝가리에 극우 반동세력에 의한 쿠데타가 일어나자 빈으로 망명했다. 그곳에서 당시 서구에서 가장 영향력 있는 경제지 중의 하나인 ≪오스트리아 경제≫의 편집자가 되어 정열적으로 일했다. 1933년 독일에서 나치가 집권하자 영국으로 망명했다. 그곳에서 그는 자본주의의 처참한 실상을 목격하고 이에 대한 연구를 본격적으로 시작한다. 1940년 미국 버몬트의 베닝턴 대학에 자리를 잡아 미국으로 이주했다. 바로 세기의 명저가 된 『거대한 전환』은 바로 그곳에서 집필되고 출간되었다. 1947년 캐나다 토론토 근처 피커링에 정착했고 동시에 미국 컬럼비아 대학에서 일반 경제사를 강의했다.

제 _7_ 강

근대 이성의 실체는
무엇인가

Michel Foucault

지식은 인간을 자유롭게 하는가. 많은 사람들은 그런 믿음을 갖고 부지런히 지식을 쌓는다. 그러나 한 사람, 미셸 푸코라는 사람은 그런 우리들의 믿음에 이의를 제기한다. 푸코는 근대이성이 가지고 있는 권력의 음모를 폭로하면서 인간의 자유를 의심한다. 우리는 알면 알수록, 자신도 모르는 사이에 권력에 속박된다는 것이다. 이성적인 지식이 따지고 보면 우리의 자유를 옥죄는 도구가 될 수 있다는 것이다. 제7강에서는 근대 이성의 산물이라고 볼 수 있는 규율을 분석하면서 그것의 실체를 파악해본다.

권력의 하수인으로 살 것인가,
스스로의 주인이 될 것인가

미셸 푸코 『감시와 처벌』, 이성에 도전하다

푸코는 어려운 사람

2010년 10월 베이징에서 열린 인권대회에 참가했을 때이다. 중국이 인권대회를 주최하다보니 인권을 보는 시각이 참여자들 사이에서 첨예하게 대립되었다. 서구자본주의의 자유주의적 인권관과 중국식 사회주의 인권관이 충돌하는 장면을 목격했다. 한쪽에서는 최고의 인권으로 인간의 자유를 이야기하고, 다른 한편에서는 자유의 기초로서 사회적 구조를 이야기하고 있었다.

토론이 끝나고 캐나다에서 정치철학을 전공하는 한 교수와 이야기를 하다가 내가 미셸 푸코에 대해 말했더니 자못 흥미롭게 내 말을 들었다. 그러면서 자신은 프랑스어를 하는 사람이라 푸코의 책을 원전으로 읽었지만 참 이해하기 어렵다고 말했다. 그의 책 어떤 것도 쉽게 이해되지 않는다는 것이었다.

나는 그 교수에게 당신은 프랑스어를 사용하면서도 그러니 나같이 프랑스어를 모르면서 그의 모든 책을 번역어로 읽어보는 사람은 어떻겠느냐고 하면서 웃었다. 내가 이 말을 하는 이유를 독자들은 이해할 것이다.

그렇다. 미셸 푸코는 본 고장 사람들도 어렵게 생각하는 인물이다. 그러니 그의 책을 읽으면서 머리가 쥐가 난다느니 혹은 내 지적 능력에 한계를 경험했다느니 하는 말은 하지 말라. 그 사람의 글, 어려운 것은 세상 사람들이 다 안다.

그럼에도 우리는 푸코에게서 무엇인가 얻기를 희망한다. 비록 그가 알쏭달쏭한 말을 했을지라도 분명 무엇인가 있다고 생각한다. 나도 그렇다. 그래서 그의 책이 어렵지만 읽고 또 읽어본다. 그의 이야기를 조금씩 이해하면 세상이 보이는 것 같기 때문이다.

그는 우리가 사는 세상의 비밀의 창을 열고 들어가 조금씩 우리에게 진실을 보여준다. 그것을 볼 때마다 우리는 희열을 느낀다. 바로 그거야, 내가 알고 싶은 것이 바로 저거야, 하면서 박수를 보낸다. 그러니 조금 어렵더라도 푸코를 읽자. 그리하여 알려지지 않은 비밀의 문을 열고 들어가 세상의 진실을 알아보자.

푸코, 근대의 이성에 도전하다

푸코가 추구한 평생의 과제는 우리가 살고 있는 이 세계의 이성을 해체하여 그 본질을 규명하는 것이었다. 인간은 과연 자유로운 존재인가, 인간은 과연 이성적인 존재인가, 만일 그렇다면 왜 그 많은 부조리가 발생하는가, 죽고 죽이는 전쟁은 왜 일어나는가, 그것이 이성으로 설명가능한가. 푸코는 고개를 저었다. 계몽주의의 결과 인간의 이성은 찬양되었다. 그로 인해 인간의 존엄과 자유, 평등, 해방, 풍요가 약속된 것 같았다. 사람들은 역사가 진보한다고 믿었다. 그것이 바로 '근대'가 우리에게 약속한 유토피아였다.

그러나 푸코에겐 그러한 유토피아가 발견되지 않는다. 그에게 있어 근대는 오히려 인간의 자유를 억압하는 통제와 폭력 위에 설립된 건축물에 불과했다. 그는 이러한 근대 사회의 속성을 낱낱이 풀어헤치고 싶었다. 그것이 그가 그 어렵게 쓴 책들에서 관통하는 주제의식이다.

푸코는 주체적 의식의 소유자로서의 인간 존재를 부정한다. 이런 면에서 사르트르의 실존철학과는 크게 다르다. 실존철학은 인간의 자유의지를 존중한다. 자유의지가 있기 때문에 우리는 스스로 결단할 수 있고, 결단한 것에 책임을 져야 한다. 인간은 스스로 만들어 나가는 것이고 누구도 그것에 간섭할 수 없다. 누가 나의 인생에 간섭한다고 해도 종국적으로 그 인생의 책임자는 바로 '나'다.

이에 반해 푸코는 인간의 의식적 행위 너머에 존재하는 '구조'에 주목한다. 인간은 그 구조를 벗어나서 생각할 수 없는 존재이기 때문이다. 인간은 그 구조에 의해 만들어지는 것이지 결코 자유로운 존재가 아니라고 믿는다. 그런 면에서 푸코는 구조주의자다. 자신은 죽을 때까지 그런 말을 하지 않았지만 말이다.

『감시와 처벌』, 한 번 도전해볼 만한 책

푸코의 여러 저작이 국내에 번역되었다. 그러나 어느 것 하나 읽기 쉬운 책이 없다. 번역의 문제도 상당하다. 도대체 읽고 읽어도 무슨 뜻인지 모르겠다. 그러나 『감시와 처벌: 감옥의 역사』(오생근 옮김)는 상대적으로 읽을 만하다. 해설서도 다수 나와 있으니 그 의미를 아는 데는 크게 어려움이 없다.

푸코의 해설서 중 『푸코 & 하버마스: 광기의 시대, 소통의 이성』(하상복 지음)은 푸코와 하버마스를 대비한 책인데 어려운 푸코를 이해하는 데 그만한 책도 없다. 그럼에도 『감시와 처벌』은 만만한 책이 아니다. 두께도 두껍지만 웬만한 끈기가 없으면 책의 흐름을 따라가기가 쉽지 않다. 법학을 공부한 내가 푸코에 대한 책 몇 권을 읽고 이 책을 알기 쉽게 소개하기는 여간 어렵지 않다.

하지만 이 책은 인권을 매일같이 이야기하고 연구하는 나에게도 관심이 있을 수밖에 없는 책이다. 푸코가 이야기하는 것이 결국 인간의 자유와 관련되어 있고 그것이야말로 내 분야이기 때문이다. 푸코 전문가들의 도움을 받고 내 시각을 보태서 이 책을 풀어보고 그것이 시사하는 바가 무엇인지 알아보자.

감옥의 역사, 신체형에서 자유형으로

『감시와 처벌』은 다음과 같은 유죄판결문으로 시작한다. 매우 충격적인 예이다. 그대로 옮겨보자.

　손에 2파운드 무게의 뜨거운 밀랍으로 만든 햇불을 들고, 속옷 차림으로 노트르담 대성당의 정문 앞에 사형수 호송차로 실려와, 공개적으로 사죄할 것, 다음으로 상기한 호송차로 그레브 광장에 옮겨진 다음, 그곳에 설치될 처형대 위에서 가슴, 팔, 넓적다리, 장딴지를 뜨겁게 달군 쇠집게로 고문을 가하고, 그 오른손은 국왕을 살해하려 했을 때의 단도를 잡게 한 채 유황불로 태워야 한다. 계속해서 쇠집게로 지진 곳에 불로 녹인 납, 펄펄 끓는 기름, 지글지글 끓는 송진, 밀랍과 유황의 용해물을 붓고, 몸은 네 마리의 말이 잡아끌어 사지를 절단하게 한 뒤, 손발과 몸은 불태워 없애고 그 재는 바람에 날려버린다. 23쪽

　이 판결은 실화다. 프랑스 부르봉 왕조의 루이 15세를 암살하려다 미수에 그친 다미엥이라는 사람에 대한 판결문이다. 프랑스 대혁명이 일어나기 전 18세기 후반에 일어난 일이다. 우리도 근대 이전에는 이랬다. 조선시대 대역 죄인에 대한 능지처참형이 바로 그것이다. 성삼문 등 사육신이 받은 형벌이다.

　그러나 조선시대의 능지처참형이 다미엥이 받은 거열형에 근접했을

까. 나는 그렇게는 보지 않는다. 유사하지만 프랑스 사람들이 우리 조상들보다 더 참혹했다. 서구인들의 과거 신체형은 우리의 상상을 넘는 공포 그 자체였다. 푸코는 이를 지극히 화려하고 호화스런 의식이라고 역설적으로 표현했다.

왜 이런 처벌을 내렸을까. 권력에 감히 도전하지 말라는 경고이다. 누구도 왕권, 권력에 도전하면 이런 처벌을 받을 것이라는 것을 보여줌으로써 민중의 반란을 미연에 방지하고자 했다. 권력을 유지하기 위한 극약처방이었던 것이다.

그런데 이러한 극악한 신체형이 18세기 후반 이래 감옥에다 범죄인을 감금하여 교정하는 자유형으로 바뀌었다. 범죄를 저질렀다 해도 이제 더 이상 신체에 손을 대지 않는다. 감옥이라는 공간에 감금한 다음 규율을 통해 교육하여 새로운 인간으로 만들어내는 것이 형벌의 목적이 되었다.

이것은 합리적 계산에 입각한 효과적인 징벌의 원칙을 적용한다는 것을 의미한다. 이 원칙을 자세히 들여다보면 여러 원칙이 있다. 이들 원칙 모두가 언뜻 보아도 매우 합리적이다. 첫 번째 원칙인 '양의 최소화 원칙' 하나만 보자.

범죄는 그것이 이익을 가져오는 것이기 때문에 발생한다. 범죄에 대한 그런 생각에, 그것보다 어느 정도 큰 형벌의 불이익을 결부시키게 되면 범죄는 저지르고 싶지 않은 행위가 될 것이다. 148쪽

가혹한 형벌을 신체에 부과하지 않아도 범죄인이 형벌의 불이익을

생각하여 범죄를 억제할 수 있을 정도면 충분하다. 오히려 그 이상의 처벌을 하려다보면 범죄인은 완전범죄를 노릴지도 모른다. 그러면 범인 잡기만 어려워진다. 그것은 결국 범죄인이 권력을 농락하는 꼴이 된다. 그러니 이러한 원칙은 고도의 계산이 따른 것이다. 일종의 심리학이 동원된 것이다.

사람을 진짜 다룰 줄 아는 사람은 강압적인 물리력을 사용하는 것이 아니라 지적이고 관념적이어야 한다. 예컨대, 계량화를 통한 비용-효과분석을 형사정책에도 동원해야 한다는 것이다. 그것이 바로 합리주의적 사고가 아닌가. 이런 사고의 결과가 바로 신체형에서 감옥이라는 새로운 제도의 탄생으로 이어졌다.

규율의 실체, 국가가 신체를 통제하고 정신을 통제한다

새로운 감옥의 탄생은 단순한 형벌제도의 변화가 아니다. 푸코는 이 변화가 18세기 말부터 본격화된 인간과 사회를 합리적으로 관리하고 통제하는 '규율사회'의 건설이라는 측면과 밀접하게 관련된 것으로 본다.

감옥은 그 규율사회의 하나의 전형일 뿐이다. 푸코에 의하면 규율사회는 감옥뿐만 아니라 우리 사회 곳곳에서 발견된다. 학교, 병원, 군대, 공장 등 주요한 사회기관 모두는 알게 모르게 공통적으로 인간의 신체에 관한 과학적인 관리법을 적용하여 예속적이고 복종적인 인간을 만들어 내는 곳이다.

복종적인 인간, 푸코가 말하는 근대국가, 근대 사회의 핵심은 바로 이것이다. 사회의 시스템이 우리들을 자유로운 존재로 만들지 않는다. 사회가 필요로 하는 사람, 사회가 규격화한 사람만이 쓸모 있는 사람이다. 우리는 이러한 사람으로 키워지고, 그렇지 않으면 도태된다. 아니 어떤 때는 사회가 설정한 정상의 기준에서 일탈한 광인이 되어 사회의 쓰레기가 된다. '쓰레기가 되고 싶지 않으면 인간들이여 사회의 규율에 따르라.' 이것이 근대 사회의 핵심이다.

푸코가 관찰한 바로는 이러한 규율사회의 전형은 군인에서 시작되었다. 18세기 후반 탄생한 상비군인들은 과거와는 다른 오합지졸이 아니었다. 이들의 신체는 길러졌고, 만들어졌다. 그리고 이렇게 만들어진 신체에서 반항할 수 없는 인간이 탄생했다. 그의 이야기를 들어보자.

18세기 후반이 되자, 군인은 만들어지는 그 어떤 것이 되었다. 사람들은 틀이 덜 잡힌 체격, 부적격한 신체를 필요한 기계로 만들면서 조금씩 자세를 교정시켜 나갔다. 계획에 의거한 구속이 서서히 신체의 각 부분에 두루 퍼져나가 각 부분을 마음대로 지배하여, 신체 전체를 복종시켜, 신체를 언제든지 마음대로 사용할 수 있게 한 것이다. 이러한 구속은 습관이라는 무의식적인 동작을 통해 암암리에 그 작용을 계속하게 된다. 요컨대 '농민의 몸가짐을 추방해'버리고, 대신에 '군인의 몸가짐'을 심어준 것이다. 204쪽

이런 시스템을 만들어가는 것을 푸코는 하나의 정치기술로 보았다. 이 정치기술은 단지 신체를 표적으로 강건한 인간을 만드는 것이 아니다. 그것은 분명 신체의 지배를 넘는 어떤 목적이 있다. 그럼, 그것이

무엇일까. 그렇다. 신체의 지배를 통해서 정신을 지배하는 것이 정치기술의 최종목적이다.

이 기술의 요체는 강제 지배가 아니다. 통제되고 있는 사람이 통제되고 있다는 것을 감지하지 못하고 스스로 자기 의지를 토대로 통제된다. 아, 이렇게도 말할 수 있으리라. 자기의 내적인 욕망에 의해 스스로 순종적인 신민이 되어 권력의 그물코 속에 자기를 걸어두는 것이라고. 우리는 스스로 기는 존재가 되어버린 것이다. 그것도 우리가 원해서 말이다.

국민체조 속에 숨겨진 권력의 음모

이쯤해서 『감시와 처벌』에서 푸코가 말한 것을 우리 주변에 좀 응용을 해보자. 푸코는 근대 사회의 권력의 속성은 유순한 신민을 만들어내는 것이라고 보았다. 만일 푸코가 이 나라에서 살았다면 무엇을 보고 자신의 이론을 적용했을까.

분단국가에서 살아온 우리는 너무나 많은 사회적 규율을 가지고 있다. 그러니 푸코가 보기엔 유순한 신민을 만들어내는 장치는 부지기수로 많은 사회다. 그 가운데서 옛날에 아무도 그 문제점을 생각하지 못한 국민체조 하나만 생각해보자.

내가 중고등학교를 다닐 때인 1970년대까지만 해도 국민체조라는 것이 성행했다. 학교는 물론, TV를 틀어도 아침에는 국민체조를 했다. 바로 이것이 푸코식 신체 조종의 정치기술이다. 국민체조를 통해 대한민국 사회에 살아가는 사람들은 특정의 규율체제 속으로 들어간다. 그것은 신체만 지배하는 것이 아니라 우리의 마음을 지배한다. 우리는 대한민국 국민으로서 똑같은 생각을 가져야 하며 일탈은 허용되지 않는다.

거기에 국민교육헌장을 외우고 태극기 앞에서 국기에 대한 맹세를 한다면 대한민국 국민이라는 전형적인 인간이 탄생하는 것은 당연하다. 이렇게 탄생한 대한민국 국민은 주체적인 인간이기보다는 권력자의 신민으로서 유순하게 살아갈 수밖에 없는 것이다. 누구도 도도히 흘러가는 권력에 방해가 되어서는 안 된다. 만일 방해를 한다면 그에게는 반역의 낙인이 찍혀 이 사회에서 살기 어렵다.

푸코가 희망하는 사회

우리들 대부분은 근대의 지식을 이성의 산물로 이해한다. 그러나 합리주의로 위장한 지식은 권력을 유지하는 수단에 불과할 수 있다. 근대 이전에 권력은 물리력을 행사하여 그것을 유지했지만 근대 이후에는 아주 근사한 지식과 교양에 의해 유지된다. 이제는 볼품없는 힘을 사용하여 인간을 지배할 필요가 없다. 우아한 지식을 가르치는 교육을 통해 사람들은 자연스럽게 통제된 인간으로 만들어지기 때문이다.

푸코의 시각으로 우리 교육을 보면 가슴 뜨끔해진다. 푸코의 주장에 대해 우리가 반론을 제기하기 위해서는 우리의 교육이 통제된 인간을 만들기보다는 창조적 인간을 만드는 데 도움이 된다고 이야기할 수 있어야 한다. 그런데 감히 그렇게 자신 있게 말할 수가 있는가.

하나밖에 없는 출구를 향해 한눈팔지 않고 달려가지 않을 수 없는 사회, 다양성보다는 획일을 강조하는 사회, 이견을 허락하지 않는 사회가 우리 사회가 아닌가. 이런 사회에서 우리는 스스로 순종형 인간이 될 것을 서약하고 권력의 하수인이 되어간다. 슬픈 군상이다.

푸코가 인간의 주체성을 부정했다고 해서 새로운 사회에 대한 희망마저 포기했다고 오해하는 마라. 그는 근대 사회의 본질적 속성을 가감 없이 파헤쳤을 뿐이다. 만일 그가 이런 작업을 통해 꿈꾼 사회가 있다면 그것은 진정 자유로운 사회다. 그것을 위해서는 자유의 진정한 토대를 만드는 것이다.

누구도 선과 악을 독점하지 않고, 누구도 도덕과 비도덕을 갈라 부도덕의 화살을 쏘아대지 않는 그런 사회가 그에게는 유토피아인 셈이다. 그런 사회 속에서만 우리는 자유를 누릴 수 있기 때문이다.

2011년 대한민국, 우리는 어디쯤 와 있는가. 푸코의 감옥에 갇혀 자신도 모르는 사이에 권력의 하수인이 되어가고 있지는 않은가. 우리를 반성하면서 『감시와 처벌』을 한장 한장 읽어가자. 그 속에서 진실을 찾을 수 있을 것이다. 그 속에서 진짜 자유인이 되는 길을 찾을 수 있을 것이다.

미셸 푸코는 누구인가

미셸 푸코(Michel Foucault)는 1926년 프랑스 중서부의 프아티에서 태어났다. 부친을 비롯하여 조부, 외조부가 모두 의사인 집안에서 태어나 의학도의 길을 걸어갈 것으로 기대되었지만 본인은 다른 길을 걸었다. 수재들이 들어가는 파리의 고등사범학교에 진학하여 철학, 심리학, 정신병리학 학위를 받았다. 1961년 파리 소르본 대학에서 「광기의 정신착란: 고전시대 광기의 역사」라는 제목으로 박사학위를 받았다.

학위를 마친 다음 프랑스 중부 클레로몽페랑 대학 및 파리 벵센 대학의 철학교수로 일하다 드디어 프랑스 최고의 권위를 자랑하는 학문의 전당 콜레주 드 프랑스의 철학교수가 되었다. 그는 인간의 지식이 어떤 과정에서 형성되고 변화하는지를 탐구했고 그 과정에서 각 시대의 지식의 기저에는 무의식적 문화의 체계가 있다는 사상에 도달했다.

그는 이 같은 사상에 기초하여 다수의 문제작을 저술했다. 『고전주의의 시대에 있어 광기의 역사』(1961), 『병원의 탄생』(1963), 『말과 사물』(1966), 『지식의 고고학』(1969), 『감시와 처벌: 감옥의 탄생』(1975) 등과 말년에 쓴 『성의 역사』 시리즈로 1권 『앎의 의지』(1976), 2권 『쾌락의 활용』(1984), 3권 『자기에의 배려』(1984) 등이 대표작이다. 그는 1984년 사망했다. 사망원인은 에이즈로 알려졌다. 그의 나이 57세 되던 해였다.

인간은
권위에 무력한가

Stanley Milgram

도처에서 말이 안 되는 인권유린 현상이 일어난다. 이성적인 눈으로 보면 도대체 이 해가 가지 않는다. 인류에 봉사하는 종교가 있고, 훌륭한 교육제도가 있는 상황에서 왜 그런 일이 일어나는가. 왜 사람들은 부당한 명령에 거역하지 못하는가. 이것이 우리들의 근원적인 질문이다. 이 문제에 대해 제8강은 심리학사에서 길이 남을 실험을 소개한다. 스탠리 밀그램의 권위에 대한 실험이다. 이 실험 결과를 통해 우리는 비이성적 권위에 도전하는 것이 얼마나 어려운지를 깨달을 것이다. 그러나 그것을 통해, 우리는 권위에 도전하는 방법도 조금은 이해하게 될 것이다.

우리는 권위에 저항할 수 있는가

스탠리 밀그램의 『권위에 대한 복종』에서 배우는
권위에 대한 도전

저항하지 못하는 인간 군상

지금 리비아에서는 수많은 사람들이 카다피라는 독재자의 손에 의해 죽임을 당하고 있다. 카다피는 한 때 제3세계의 자존심이었지만 아무리 보아도 그의 정신 상태는 정상이 아닌 것 같다. 그의 손에 의해 얼마나 많은 이들의 고귀한 생명이 사라질지 생각만 해도 끔찍하다. 그런데 나는 이러한 사태를 보면서 하나의 의문이 생긴다. 왜, 사람들은 카다피의 명령에 복종하는가.

아돌프 아이히만을 아는가. 그는 제2차 세계대전 중 나치의 첨병으로 600만 유대인 학살의 선봉장이었다. 그가 문서 한 장에 사인할 때마다 수천의 유대인들이 독가스실로 옮겨져 죽어갔다. 그는 히틀러의 악명 높은 최후 해결책(final solution)의 충실한 집행자였다. 나는 이 사람에 대해서도 의문이 간다. 그는 악마였는가. 만일 그렇지 않았다면 그는 왜 히틀러의 명령을 거부하지 못했는가.

이런 예는 다른 곳에서 찾을 필요도 없다. 1980년 5월 광주. 수많은 사람들이 민주화를 요구하며 광주 금남로 광장에 모였다. 여기에 무장한 계엄군이 들이닥쳤다. 수많은 민간인이 군의 발포로 유명을 달리했다. 광주의 비극이 시작되었다. 나는 여기에서도 의문을 품는다. 계엄군도 우리의 형제요, 자식인데, 어떻게 시민을 향해 발포할 수 있었을까. 왜 그들은 발포명령을 거부하지 못했을까. 군인이라는 이유만으로 정당화될 수 있을까.

사람들이 상식적으로 생각해봐도 도저히 용납할 수 없는 비합리적 권위에 복종하는 예는 무수히 많다. 만일 그런 권위에 직면했을 때 저항을 감행했더라면 세상이 어떻게 변했을지 모른다. 그러나 대부분 사람들은 그 권위에 도전하지 못한다. 아니, 오히려 그 권위의 철저한 도구가 되기도 하고, 어떤 경우는 그 권위의 자기 확신범이 되기도 한다.

그런데 한 가지는 확실하다. 세상사람 모두가 이러한 권위에 맹목으로 복종했다면 우리는 지금도 노예제 사회에서 살고 있었을 것이라는 것을. 오늘날과 같이 민주사회를 만들 수 있었던 것은 노예사회 그리고 봉건신분 사회에서 누군가가 저항했기 때문이다. 그 저항이 결국 견고한 한 사회의 권위를 무너뜨려 마침내 새로운 사회를 건설했다는 것은 의문의 여지가 없다. 그렇다면 그 저항은 어떻게 가능했을까.

『권위에 대한 복종』, 위대한 심리학 실험

이러한 의문점에 대해 깊은 통찰력을 주는 한 권의 책을 여기에 소개한다. 『권위에 대한 복종』(정태연 옮김)이라는 책이다. 이 책은 미국의 심리학자 스탠리 밀그램의 세기적 심리실험에 기초한 책으로 정확히 위와 같은 의문에 답을 하고 있다.

밀그램은 심리학 역사상 가장 위대한 실험을 하면서 인간의 복종 심리를 찾아냈다. 그는 실험을 통해 대부분의 인간은 비합리적인 권위일지라도 그에 복종한다는 것을 밝혀냈고, 그럼으로써 인간사의 수많은 비극의 시원적 원인에 접근하는 데 성공했다. 물론 이러한 원인의 발견이 그러한 비극을 막는 것은 아니지만 말이다.

권위와 복종에 관한 실험은 어떻게 했을까

밀그램이 시도한 실험의 내용은 대충 이렇다. 기억과 학습이라는 연구에 참가하기 위해 두 사람이 심리학 실험실에 온다. 그중 한 사람을 '선생'으로, 그리고 다른 사람을 '학습자'로 명명한다. 실험자는 그들

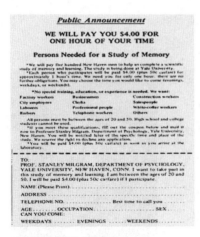

밀그램의 실험 당시 사용된 광고

© Olivier Hammam

에게 처벌이 학습에 미치는 영향을 알아보기 위한 실험이라고 설명하고 나서 학습자를 실험실 방 안에의 의자에 앉히고, 과도한 움직임을 제어하기 위해 양 팔을 의자에 묶은 다음, 전극봉을 그의 손목에 부착한다.

피험자인 선생은 실험자로부터 단어 쌍(예, '푸른 하늘'과 같이 두 단어가 하나로 묶여진 단

어)의 목록을 공부할 거라는 말과 함께, 틀릴 때(학습자는 위의 예의 단어에서, 선생이 '푸른'이라고 말하면 '하늘'을 답해야 함)마다 전기충격의 강도가 높아질 것이라는 말을 듣게 된다.

이 실험의 핵심은 선생 역을 맡은 사람의 반응이다. 그는 학습자가 묶여 있는 것을 본 후에 실험실로 들어가서 전기충격기라는 인상적인 기계 앞에 앉는다. 그 기계에는 15볼트에서 450볼트까지 15볼트씩 증가하는 30개의 스위치가 가로로 늘어서 있다. 그리고 각 스위치마다 '약한 충격'에서 '심각한 충격'까지의 범위에 속하는 스티커가 붙어 있다.

선생은 다른 방에 있는 학습자에게 학습 검사를 실시하게 될 것이라는 말을 실험자에게서 듣는다. 선생은 학습자가 올바르게 응답했을 때 다음 항목으로 옮겨가고, 틀린 답을 말할 경우에는 학습자에게 전기충격을 가해야 한다. 선생은 가장 낮은 단계(15볼트)에서 시작해서 학습자

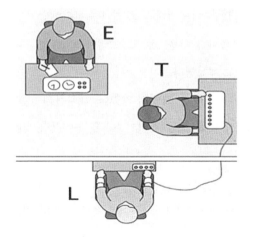

밀그램의 실험, E는 실험자, T는 선생(피험자), L은 학습자

가 틀릴 때마다 30볼트, 45볼트 등의 순서로 전기충격을 높여야 한다.

이 실험에서 선생만이 진짜 피험자이다. 전기충격을 당하는 학습자는 실제로는 실험자 측의 고용된 연기자다. 실험자는 피험자인 선생에게 점점 더 심한 충격을 학생에게 가하라는 지시를 하게 된다. 이런 상황에서 피험자는 실험자의 지시에 따를 것인가, 따른다면 어느 정도까지 따를 것인가. 또, 거부한다면 어느 시점에서 실험자의 지시를 거부할 것인가.

실험 결과, 그것은 복종의 심리였다

독자들은 위 실험에 대해서 어떻게 예측하는가. 많은 사람들이 실험 중에 실험실 밖으로 뛰쳐나갈 것이라고 예상하는가. 밀그램은 실험을 시작하기 전에 많은 이들에게 실험 결과를 예측해달라고 부탁했다. 많은 사람들이 학습자가 처음으로 고통스런 소리를 냈을 때 즉각 실험을 포기할 것이라고 예상했다.

그런데 말이다. 사실은 그렇지 않았다. 대부분의 '선생(피험자)'들이 실험자의 지시에 따라 조금씩 전기충격을 높여갔다. 밀그램의 이야기를 직접 들어보자.

놀라운 것은 …… 실험자의 지시에 너무나 기꺼이 따른다는 점이다. 실제로, 실험의 결과는 놀랍고도 당혹스럽다. 많은 피험자들이 스트레스를 느끼고 실험자에게 항의를 하지만, 상당수의 피험자가 전기충격기의 마지막 단계까지 계속한다. 30쪽

전기충격을 받은 학습자가 아무리 고통스럽게 보여도, 그리고 아무리 풀어달라고 애원해도 많은(약 3분의 2) 피험자들이 실험자의 명령에 따라 전기충격기의 버튼을 누른다는 것이다. 그리고 이러한 실험결과는 후속적인 실험에서도 대부분 동일한 결과를 나타냈다.

이 정도 되면 사람에겐 복종의 심리가 있다는 데에 동의하지 않을 수 없을 것이다. 사람들은 그 권위가 합리적이든 비합리적이든 간에 이를 따지지 않고 복종한다는 것이다.

복종의 본질은 무엇인가

그러면 무엇이 사람을 복종하게 만드는가? 밀그램은 이 실험을 통해 다음과 같은 두 가지 인간 심리를 설명한다. 잘 들어보면 꽤나 싱거운 이야기다. 그러나 평범함에 진리가 있는 법이다.

첫째, 피험자를 상황에 묶어두는 '구속요인들'이 있다. 그 요인은 피험자의 공손함이나 실험자를 돕겠다는 처음의 약속을 지키려는 소망, 그러한 약속의 철회가 갖는 어색함 등이다. 둘째, 피험자의 생각 속에서 일어나는 많은 순응적 변화가 권위자에게서 벗어나려는 결심을 방해한다. 그러한 순응은 실험자와 관계를 유지하는 데 기여하는 동시에, 실험상의 갈등으로 인한 긴장을 줄이는 데도 기여한다. 32쪽

첫 번째 말은 사람들이 약속한 것을 깨기 싫어하는 속성이 있다는 것이다. 당연한 이야기다. 약속을 쉽게 파기하는 사람들로 사회가 구성되면 그 사회는 오래 존속할 수 없다. 우리들은 마음속에서 '약속은 지켜져야 한다'라는 주문을 항상 외운다. 약속을 지키는 것이 바로 사회가 요구하는 최소한의 규범이라고 굳게 믿고 있다.

사실 약속을 깨기 어려운 것은 깡패들도 마찬가지다. 깡패들의 의리도 따지고 보면 약속을 지키려는 심리에서 비롯된 것이다. 그 사회에서도 일단 그 구성원이 되면 약속, 곧 의리는 지켜져야 한다. 그것을 깨는 것은 깡패들에게는 너무나 어려운 일이다.

두 번째 말은 권위(자)에 대한 순응이 갈등을 최소화한다는 논리이

다. 순응은 나로부터의 동기가 아니라 남, 정확히는 권위자의 동기에 나를 맞추는 심리이다. 이렇게 하지 않으면 갈등이 생기고 긴장이 조성된다. 사람들은 그것을 견디지 못한다. 좋은 게 좋은 것이다. 적당히 살자는 생각이 드는 게 바로 여기에서 나온다. 그것이 바로 복종의 본질이다. 밀그램은 다음과 같이 말한다.

실험자가 피험자에게 물 한 컵을 마시라고 지시했다고 가정하자. 이것은 그 피험자가 갈증이 난다는 것을 의미하는가? 분명히 그렇지 않은데 그는 단순히 들은 대로 하는 것뿐이다. 행위자의 동기에 부합하는 것이 아니라 사회적 위계 구조 안에서 더 높은 지위에 있는 사람들의 동기 체계로부터 시작하는 행동이 복종의 본질이다. 239쪽

아렌트의 '악의 평범성', 누구라도 거악의 주인공이 될 수 있다

1963년, 저명한 정치 철학자 한나 아렌트가 한 권의 책을 출판한다. 이름하여 『예루살렘의 아이히만』(김선욱 옮김)이다. 아렌트는 이스라엘의 정보기관 모사드의 공작에 의해 아르헨티나에서 체포되어 이스라엘로 압송된 아이히만의 재판을 방청한다. 많은 사람들은 수십 만의 유태인들을 독가스실로 보낸 아이히만이야말로 가학적인 괴물 중의 괴물이라 생각했다.

그러나 아렌트가 예루살렘에서 본 아이히만은 그런 괴물이 아니었다. 놀랍게도 그는 책상 앞에서 자신에게 부여된 일을 너무도 성실하게

처리한 한 관료에 불과했다. 어디
에서도 괴물의 모습은 찾을 수가
없었다. 이런 경험 끝에 그녀는
'악의 평범성(banality of evil)'이라
는 유명한 말을 남긴다.

　우리가 아는 거악이라는 것도
따지고 보면 평범한 한 시민의 일
상적인 일로도 가능하다는 말이
다. 그러니 거악을 저지르는 것이
별난 괴물에 의해서만 이루어진
다는 생각을 버려야 한다는 것이
다. 그러니 밀그램의 실험은 바로 악의 평범성을 사실로 확인한 셈이
다. 이에 대해 밀그램은 이런 말을 한다.

　　피험자들의 행동에 대한 열쇠는 울분이나 공격성이 아니라, 그들이
　　권위자와 맺고 있는 관계의 본질에 달려 있다. 그들은 스스로를 권위자
　　에게 위임한다. 즉, 스스로를 권위자의 소망을 실행하기 위한 도구로 생
　　각한다. 일단 스스로를 그렇게 정의하고 나면 권위자와의 관계를 자유
　　롭게 깰 수 없게 된다. 240쪽

　이근안이라는 사람을 기억하는가. 제5공화국 시절 고문경관으로 장
안에 회자되던 인물이다. 당시 주요 공안 사건에서 이 사람의 전기고문
을 당한 피해자들이 많다. 그들의 증언에 의하면 이 사람은 악의 화신

이었다. 그런데 말이다. 놀라운 일은 이 사람도 가정에서는 충실한 가장이었고, 존경받는 아버지였다는 사실이다. 아렌트의 악의 평범성이 세상 어디에서나 적용될 수 있는 예이다.

권위에 저항하라, 그들이 세상을 바꾼다

밀그램의 실험이 말하고자 하는 것은 권위에 대한 복종이 대부분 사람들의 보편적 심리라는 사실이다. 그렇다고 이 실험이 권위에 대해 복종하는 사람들을 정당화시키는 것이 아니다. 이 실험이 주는 진정한 의미는 불합리한 권위에 대해서 어떻게 저항할 것인가를 생각하게 한다는 점이다. 그러나 이 책은 그 답은 제시하지 못하고 있다. 그 답은 우리가 찾아야만 한다.

나는 권위에 대해 복종하는 것이 일반적인 인간 심리라는 데 동의하지만, 그럼에도 세상은 복종하지 않고 저항하는 사람들이 있었기에 오늘날과 같은 민주적 사회가 가능했다고 생각한다. 비록 소수이지만 우리들 중 누구는 복종의 흐름에서 이탈하여 자신의 길을 걸어왔다. 권위를 어기는 것에서 오는 온갖 삶의 어려움을 피하지 않고 당당하게 맞서는 사람들이 있기에 우리 사회는 희망이 있는 것이다.

나는 로스쿨 교수로서 학생들에게 변호사들마저 비합리적·불법적 권위에 굴복하여 세상을 어지럽히는 데 한몫 하고 있음을 가르치지 않을 수 없다. 몇 년 전 삼성의 김용철 변호사 사건을 생각해보자. 삼성의 사내 변호사들, 얼마나 유능한 젊은 법률가들인가. 그러나 김 변호사의 고백을 통해 알려진 대로 그들은 삼성의 불법, 편법 경영에 제동을 걸지 못했다. 그들마저도 거대 삼성의 권위에 복종하는 보통 사람에 불과했다. 만일 그들이 권위에 대해 저항할 줄 아는 사람들이었다면 그 사건을 통해 우리 사회는 좀 더 성숙하는 계기가 되었을 것이다.

나는 권위와 복종을 이야기하면서 버트런드 러셀을 다시 생각한다. 그는 철저한 자유주의자였다. 그는 기존의 어떤 권위와도 맞서며 자신의 신념을 관철시켰다. 그가 정리한 자유주의 십계명은 그의 이러한 사상을 함축적으로 보여준다. 이 글을 마치면서 러셀의 십계명 중 일부를 다시 한 번 돌아보고자 한다. 복종의 심리에 대한 저항정신으로 이 보다 더 좋은 말이 생각나지 않기 때문이다.

1. 어떤 것을 절대적으로 확신하지 말라.

......

4. 반대에 부딪힐 경우, 설사 반대자가 당신의 아내나 자식이라 하더라도, 권위가 아닌 논쟁을 통해 극복하도록 노력하라. 권위에 의존한 승리는 비현실적이고 실체가 없기 때문이다.

5. 다른 사람의 권위를 존중하지 마라. 그 반대의 권위들이 항상 발견되기 마련이니까.

......

9. 비록 진실 때문에 불편할지라도 철저하게 진실을 추구하라. 『러셀 자서전(하)』, 286~287쪽

부디 이 글을 읽는 젊은이들이여, 권위에 맹종하지 마라. 그 권위가

비합리적인 것이라면 저항하라. 그것이 이 나라의 희망이다.

스탠리 밀그램은 누구인가

 스탠리 밀그램(Stanley Milgram)은 1933년 미국 뉴욕의 한 유태인 가정에서 태어났다. 어릴 때부터 매우 명석한 두뇌를 소유한 밀그램은 뉴욕 소재 퀸스 대학에서 정치학을 공부했고 하버드 대학에서 사회심리학으로 박사학위를 받았다. 학위를 취득한 후 그는 뉴욕 시립대학에서 정년 교수가 되었다.

젊은 시절 그의 머리를 지배한 것은 나치의 홀로코스트를 가능케 한 아이히만 등의 심리상태였다. 어떻게 그와 같은 복종이 가능할까. 어떻게 그런 순종적인 인간이 나올 수 있을까.

그가 학위논문에서 다룬 실험은 바로 그런 의문을 풀기 위한 시도였다. 1963년 그는 복종에 대한 실험을 마치고 세상에 「복종의 행태적 연구」라는 제목으로 논문을 발표한다. 이 실험은 미국의 심리학계에 큰 충격을 일으켰고 밀그램을 일약 유명 인사로 등극시키는 계기가 되었다. 10년 후 밀그램은 이 논문에 기초하여 『권위에 대한 복종』이라는 이름의 책을 출판한다.

밀그램은 복종에 대한 심리 실험 이외에도 대중교통을 이용하는 사람들이 자리를 양보하는 이유와 세상의 모든 사람들이 여섯 사람만 거치면 모두 연관을 맺고 있다는 '6단계 분리이론' 등도 연구했다.

밀그램은 심장마비로 1984년 51세의 나이로 뉴욕에서 사망했다.

140

제9강

권위에
이성으로 도전하라

John B. Bury

우리는 생각하고 그것을 표현하는 것이 인간의 기본적인 인권이라고 생각한다. 그러나 이러한 권리가 세상에서 공인된 것은 그리 오래 전 일이 아니다. 종교의 역사를 돌아보면 이러한 권리를 인류가 획득하기 위해 얼마나 많은 피를 흘렸는지를 알 수 있다. 그리고 더 중요한 사실은 이 권리가 지금도 세계 곳곳에서 부인되고 있다는 사실이다. 아마도 인류가 국가생활을 계속하는 한 이 권리가 완벽하게 보장되기는 어려울지도 모른다. 하지만 인류는 이 권리를 획득하기 위해 권위에 도전해왔고, 앞으로도 도전할 것이다. 그러기에 인류에게 희망은 있는 것이다. 제9강은 바로 그런 역사를 말하고자 한다.

권위에 대한 도전, 이성이 쓰는 사상의 자유의 역사

"너의 부모를 믿지 말라", 존 베리의 『사상의 자유의 역사』

도올 김용옥의 분투를 보면서

도올 김용옥은 세상이 다 아는 전방위적인 지식인이다. 특히 도올의 동양철학과 신학에 대한 폭과 깊이는 세칭 그 세계의 전문가라는 이들에 비해 한 차원 다른 모습을 보여준다. 그에 대한 안티도 제법 있지만 나는 그로부터 많은 것을 배운다. 특히 그가 우리 기독교에 가하는 일침은 광야를 헤매는 고독한 선지자의 외침으로 받아들인다.

도올의 기독교에 관한 주장 중 핵심은 성서에 대한 새로운 이해이다. 소위 정통 기독교라고 하는 곳에서 성경은 성령에 의해 쓰인 것이라 일점일획도 틀릴 수 없는 것으로 받아들여진다. 그러나 도올에게 그것은 황당한 거짓말에 불과하다.

도올은 성경이 문명의 산물인 이상 인간의 창작물에 속하는 것이므로 그것은 인간 지혜의 소산으로 분석되어야 한다고 주장한다. 도올의 주장은 기존의 통념을 뒤엎는 매우 파격적인 것이기에 그의 말마따나

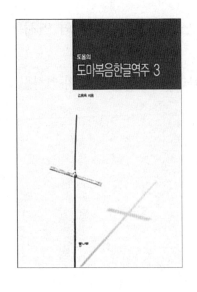

맹목적 신앙과 보수적 교단의 이해만을 고집하는 사람들에게는 크나큰 충격일 것이다.

그런데 문제는 사람들의 충격이 우리 신학의 발전을 위한 이성적 토론으로 연결되지 않고 깊은 갈등의 골을 만든다는 점이다. 이렇기에 도올과 같이 사회통념을 깨는 대담한 주장을 하는 사람은 적을 수밖에 없다. 아니, 있다 하더라도 이들의 용기는 곧 의기소침으로 바뀌기 십상이다.

나는 얼마 전 도올이 최근 출간한 『도마복음한글역주』를 읽다가 이런 대목을 발견하고 한동안 생각에 잠긴 적이 있다.

…… 내가 사는 집 근처에도 무슨 대학선교단체가 있는데 성경을 끼고 우리 집 앞을 지나다니는 젊은이들이 나에게 부드럽게 인사 한 번 하는 것을 보지 못했다. 내가 인사를 건넬 눈길조차 주질 않는다. 도대체 이게 웬일일까? 나도 한때 신학대학을 다닌 사람이요, 목사 후보가 되었던 사람이요, 가산을 탕진해서 다 교회에 바친 집안의 자식이다. 그리고 그들이 신주처럼 모시는 성경에 관해 이 세상 어느 누구보다도 지식이 많은 사람 중의 한 사람이다. 도대체 내가 언제 이토록 회피와 기피의 대상이 되는 '왕마귀'가 되었는가. 『도마복음한글역주』, 3, 22쪽

천하의 도올도 우리의 소위 정통 기독교인들에게는 '왕마귀'로 인식된다는 것을 스스로 인정한 말이다. 이 말에서 나는 도올의 크나큰 한(恨)을 읽는다. 왜 한국의 기독교는 도올의 주장을 들으려 하지 않고, 단지 사탄의 음성으로 치부하며 귀를 막는가. 도대체 정통은 무엇이고 이단은 무엇인가. 그리고 누가, 무엇으로 그것을 판별할 수 있을까. 많은 사람들이 생각하는 것과 다른 생각을 말하면 정말 안 되는 것인가. 사람마다 다른 생각을 할 수 있는 것인데 왜 사회는 그것을 막는다는 말인가. '다른 생각'을 가진 사람들이 '다른 이야기'를 해도 그럴 수 있다고 하면서 너그럽게 받아들이는 사회는 과연 꿈속에만 존재하는가.

그래도 하나는 다행스럽다. 도올이 그런 말을 하고 다닌다 해도 지금 이 땅이 그를 잡다 주리를 트는 야만의 시대는 넘어섰다는 것이다. 설혹 그가 마음의 상처는 크게 받겠지만 중세 유럽에서 빚어진 이단 소동을 생각하면 얼마나 다행스런 일인가. 도올이 만일 그 시대에 그런 말을 했다면 광화문 광장에서 능지처참을 면치 못 했을 테니 말이다.

『사상의 자유의 역사』에 대하여

이런 생각을 하다 보니 한 권의 책이 생각난다. 존 B. 베리가 쓴 『사상의 자유의 역사』(박홍규 옮김)이다. 이 책은 지금으로부터 거의 한 세기 전인 1914년 영국에서 출판되었다. 이 책은 기본적으로 사상의 자유라는 주제를 서양의 종교의 자유라는 관점에서 개관한 학술적인 성격의 책이다.

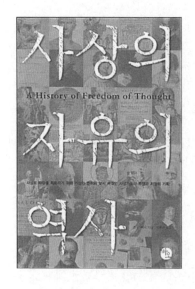

이 책은 주로 지난 2,000년 동안 서양에서 기독교의 교리와 주장을 의심하라고 주장한 사상가들의 이야기를 다루고 있다. 서양사에서 사상의 자유를 쟁취하기 위해 기성의 권위와 맞서 싸웠던 많은 사상가들이 등장한다.

소크라테스, 갈릴레이 갈릴레오, 코페르니쿠스, 조르다노 부로노, 스피노자, 볼테르, 장 자크 루소, 로저 베이컨, 존 로크, 제임스 밀, 토머스 페인, 프란시스코 페레르 등과 우리에게 익숙하지 않은 수많은 이성의 신봉자들이 종교적 권위와 세속의 권력에 맞서 자신의 신념을 굽히지 않고 인간의 이성의 해방을 위해 싸웠다. 물론 그들 중 많은 이가 이단으로 처벌받거나 자신이 속한 공동체에서 추방되었다. 하지만 그들의 헌신적인 노력 덕분에 우리는 적어도 20세기의 인류는 가장 소중한 사상의 자유를 확보하게 되었다고 베리는 말한다.

이 책은 우리나라가 권위주의와 독재로 사상과 양심의 자유 그리고 표현의 자유가 극도로 제약되었을 때 지식인들에게 영감을 주었다. 1970~1980년대 젊은이의 사상의 은사였던 리영희 선생은 교도소에서 이 책을 읽었다고 한다. 선생은 1970년대 말 광주교도소에서 사상범으로 복역하면서 사상의 자유에 대한 신념을 이 책을 통해 더욱 갖게 되었던 모양이다. 그 분에게 있어 사상의 자유를 막는 권력의 이념은 중세의 종교적 권위와 다를 바가 없었으며, 그것은 또 하나의 우상에 불과한 것이었다.

이 책을 번역한 박홍규 교수도 대학시절인 1970년대 초 유신헌법하의 살벌한 긴급조치 속에서 이 책을 읽었다고 한다. 그는 이 책의 서문에서 당시 이 책을 만난 감상을 이렇게 회상한다.

> 민주주의와 인권, 정의, 사상의 자유, 언론의 자유, 학문의 자유 같은 이단의 언어들은 사전 속 활자로만 존재할 뿐 어디에서도 찾을 수 없는, 숨조차 쉬기 힘든 질식할 것 같은 분위기 속에 이 책은 나에게 사상의 오아시스이자 사상의 자유를 고뇌하는 근거가 되었다. 10쪽

이처럼 이 책은 인간의 기본적 자유가 부인되던 권위주의 시대를 살아온 우리의 지식인들에게 역사의 희망을 간직할 수 있게 해주는 데 일정한 역할을 한 책이다. 나는 이 책에서 말하는 자유의 역사는 인류의 역사가 지속되는 한 영원하다고 생각한다. 어떤 시대도 인간의 자유는 제한될 수 있기 때문에 그것을 쟁취하기 위한 인간의 노력은 계속될 수밖에 없기 때문이다.

그것은 우리의 자유의 역사를 보아도 명확하다. 권위주의 시대를 마감하고 민주정권이 들어서면 자유를 위한 투쟁도 끝이 날 것이라고 생각했지만 지난 몇 년을 돌아보면 자유란 한 번 얻어졌다고 영원히 계속되지 않는다는 것이 입증되었다. 이명박 정부가 들어선 이후 나타난 일련의 보수화 물결은 인권의 위축을 가져왔고 우리의 사상과 표현의 자유에 심각한 위험 신호를 보내고 있다. 그런 면에서 이 책을 읽으면서

사상의 자유가 어떤 과정을 통해 서구사에서 정착했는지를 알아보는 것은 우리에게 있어서는 말 그대로 반면교사라 생각한다.

유혈의 호수에 가로놓인 사상의 역사

베리가 보건대 세상의 역사 — 비록 서구의 역사이지만 — 를 사상사적인 면에서 보면 사상의 자유는 당연한 권리가 아니라는 것이다. 아니, 당연한 권리가 될 수가 없다는 것이다. 사람들은 사상의 자유를 당연한 것으로 알지만 그 권리는 무수한 투쟁을 통해 얻어진 것이지 그냥 얻어진 것이 아니다. 민주주의는 피를 먹고 자란다고 하지만 사상의 자유야말로 유혈 낭자한 전장 터 한가운데서 피어난 장미꽃과 같은 것이다. 베리는 이렇게 말한다.

사상의 자유가 어떤 식으로든 가치 있으려면 그것은 언론의 자유를 포함해야 한다. …… 우리는 언론의 자유에 너무 익숙해져 그것을 하나의 당연한 권리로 간주한다. 그러나 이 권리는 아주 최근에야 획득되었으며 그것을 얻는 데 이르는 길에는 유혈의 호수들이 가로놓여 있었다. 20~21쪽

왜 우리가 이런 사상의 자유, 언론의 자유를 얻는 데 유혈의 강을 건너야 했는가. 그것은 사회가 가지고 있는 사상의 보수성에서 찾아야 한다. 어떤 사회든지 그 사회가 가지고 있는 주류적 사고는 그 사회의 기

본질서를 형성한다. 따라서 이 기본질서에 사람들이 역행하면 그 반응은 냉담하다. 아니 냉담을 넘어 죄로 단죄한다.

인간사회는 일반적으로 사상의 자유, 또는 달리 말해 새로운 생각에 반대해왔다. …… 평균적인 두뇌는 본래 게으르며, 가장 저항이 적은 노선을 취하려는 경향이 있다. …… 보통 사람들은 이 친숙한 세계의 기성 질서를 뒤집는 것에 대해 본능적으로 적대적이다. …… 보통 사람들에게 기존의 믿음과 제도에 의문을 던지는 새로운 생각과 의견은 사악한 것으로 보인다. 20쪽

종교적 권위에 대항하는 이성

인류 역사에서 인간이 만든 권위는 크게 두 가지가 있다. 하나는 증명이 가능한 권위다. 만일 어느 역사 선생님이 세종대왕의 한글 창제에 대해 이야기하고 그것을 학생들이 믿는다면 그것 역시 선생님의 말씀이라는 권위에 존중하는 것이다. 다만 이 같은 권위는 그것이 의심될 때 언제라도 증명할 수 있고, 만일 그것이 거짓으로 판명되는 순간 그 권위는 무너진다.

또 다른 하나는 증명될 수 없는 권위이다. 종교적 권위가 이것을 대표한다. 예수가 신의 아들이라고 하는 것은 기독교의 교리이다. 그러나 이것은 누구도 증명할 수 없음에도 신자 사이에서는 당연한 것으로 인식된다. 믿는다는 것은 보이지 않는 것의 실상이라는 기독교의 교의가

여기에서는 의심의 여지없이 받아들여져야 한다.

> 일반인의 사상은 확인될 수 있는 사실만이 아니라 권위에 의지하여
> 받아들였으나 확인도 증명도 불가능한 믿음과 의견들도 포함한다. ……
> 삼위일체에 대한 믿음은 교회의 권위에 의존하는 것으로서 …… 우리가
> 삼위일체를 받아들인다면 그것은 우리가 그 권위에 대한 맹목적인 신념
> 을 가지고 있어서 비록 증명이 불가능할지라도 그 권위가 주장하는 바
> 를 신뢰하기 때문이다. 26쪽

사상의 자유의 역사에서 항상 문제가 된 것은 후자의 권위, 곧 종교
의 권위와 관련되었다. 증명될 수 없는 교의를 내세우고 그것을 믿어야
한다는 것은 이성을 가진 사람들의 마음속에 많은 회의를 불러일으킨
다. 그래서 그것에 이의를 제기하는 경우가 생긴다. 그런데 그 경우 기
존의 종교는 그에게 관용을 베풀지 않는다. 만일 어느 사람이 예수를
신의 아들이 아닌, 사람의 아들이라고 말했다 하자. 교회는 그를 어떻
게 했던가. 처음에는 그런 믿음을 바꾸라고 설득하겠지만 그것이 통하
지 않으면 물리적 폭력이 동원되었다.

종교는 본질적으로 보수적이다. 종교가 하나의 교리로 정립하면 그
것은 여간해서는 바뀌지 않는다. 따라서 사상의 역사에서 종교와의 갈
등은 필연이다. 이성을 가진 자는 반드시 종교의 교의와 충돌을 일으키
게 된다. 이 때 종교는 그것을 포용하기보다는 이단으로 내몰고 급기야
는 그의 생명까지도 거두려 한다. 베리는 이에 대해 이렇게 말한다.

보수적인 본능과 그 결과로서의 보수적인 교리는 미신에 의해 더욱 강화된다. 만일 사회구조 — 모든 관습 및 견해들을 포함하여 — 가 종교적 믿음과 긴밀히 결합되어 신의 보호를 받는 것으로 간주되면 사회질서에 대한 비판은 불경함의 혐의를 띠게 되고, 종교적 믿음에 대한 비판은 초자연적 권력의 분노를 직접적으로 도발하는 것이 된다. 21쪽

이성의 역사로서의 인류 역사

그러나 베리는 종교적 권위가 아무리 강고해도 그것에 도전하는 이성을 결코 잠재우지 못한다고 역설한다. 그것이 바로 세상의 역사이고, 사상의 역사에서 가장 핵심이라는 것이다. 중세를 생각해보라. 그 종교적 권위가 얼마나 대단했는가. 말 한번 잘못하면 화형을 면치 못했다. 종교적 권위는 물리적이고 도덕적인 폭력을 행사했고, 법적으로 강제했으며, 사회적 비난을 무기로 삼아 이성을 공격했다.

그럼에도 이성은 유일한 무기인 논증을 기초로 그런 압제 속에서도 조금씩 피어나기 시작했다. 인간은 종교라는 인간의 통제를 벗어나는 상황에 의해 크게 제약되었지만, 그럼에도 인간은 자신의 이성을 신뢰하기 시작했고 그것은 습관과 제도를 조금씩 바꾸어 나갔다. 그리하여 새로운 문명, 사람의 생각하는 자유와 그것을 표현하는 자유가 있음을 인정하기에 이르렀다. 베리는 이러한 자유를 인정하는 과정에서 제한 없는 토론의 자유가 중요했음을 강조한다.

만일 문명의 역사가 가르쳐주는 교훈이 있다면 그것은 다음과 같을 것이다. 순전히 인간의 능력 범위 내에서 확보될 수 있는 정신적·도덕적 진보의 최고 조건이 있다. 그것은 바로 사상과 토론의 완전한 자유이다.

265쪽

나는 의심한다, 고로 존재한다

동서고금을 통해 인간사회가 발전해왔다면 그 원동력이 무엇일까. 적어도 사상사적인 측면에서 말한다면 '이성에 의한 회의'라고 말할 수 있다. 즉, 권위에 의심하고 도전하는 것이다. 내 앞에 던져진 권위에 대해 그것을 무조건 받아들이는 것이 아니라 이성에 의해 의심해보는 인간들이 새로운 문명을 만들어 오늘에 이르렀다는 말이다.

베리는 책 말미에 "너의 부모를 믿지 말라"라는 말을 한다. 잘못 들으면 망측한 말로 들릴 것이다. 효를 도덕의 근본으로 하는 문화에서 이 같은 말이 어떻게 나올 수 있단 말인가. 그러나 베리의 말을 잘 음미해보자. 그것은 권위에 맹목으로 복종하지 말라는 말이다. 어떤 권위라도 의심할 수 있어야 하고, 때로는 그것에 도전하는 자세가 필요하다는 것이다.

그것이 바로 이성을 가진 사람의 바른 자세다. 그러니 나는 "너의 부모를 믿지 말라"는 말을 이렇게 바꾸어 말하고자 한다. "나는 의심한다, 고로 존재한다."

한국의 사상의 자유, 국보법의 운명을 말할 때이다

『사상의 자유의 역사』를 읽으면서 우리 상황을 생각하면 그 내용이 조금은 부족하다는 생각이 든다. 이 책은 주로 서구의 종교의 자유와 관련된 사상의 자유를 이야기하기 때문에 우리가 경험한 사상의 자유와는 거리가 있다. 해방 후 반세기 이상 우리 사회의 사상의 자유는 종교의 자유보다는 주로 정치 이념과 관련된 것이기 때문이다.

지난 반세기 동안 우리의 사상의 자유는 국가보안법에 의해 철저히 부인되었다. 정권마다 약간의 차이는 있지만 우리는 아직도 문명국가에서 누리는 완전한 사상의 자유를 누리지 못하고 있다. 국가보안법 제7조를 보라. "국가의 존립·안전이나 자유민주적 기본질서를 위태롭게 한다는 정을 알면서 반국가단체 …… 의 활동을 찬양·고무·선전 또는 이에 동조 …… 한 자는 7년 이하의 징역에 처한다."

이 조항은 우리의 사상의 자유를 근본적으로 옥죄는 법이라는 권위의 4번 타자이다. 이 법을 잘못 사용하면 정권에 대항하는 사람들을 얼마든지 북한 정권과 동일시하여 감옥에 넣을 수 있다. 그러니 우리는 함부로 말을 해서는 안 된다. 자칫 말 한마디가 치명적일 수 있으니 말이다.

국가보안법 주요 조항

제6조(잠입 · 탈출)

① 국가의 존립 · 안전이나 자유민주적 기본질서를 위태롭게 한다는 정을 알면서 반
　국가단체의 지배하에 있는 지역으로부터 잠입하거나 그 지역으로 탈출한 자는
　10년 이하의 징역에 처한다. 〈개정 1991.5.31〉

② 반국가단체나 그 구성원의 지령을 받거나 받기 위해 또는 그 목적수행을 협의하거
　나 협의하기 위해 잠입하거나 탈출한 자는 사형 · 무기 또는 5년 이상의 징역에
　처한다.

제7조(찬양 · 고무 등)

① 국가의 존립 · 안전이나 자유민주적 기본질서를 위태롭게 한다는 정을 알면서 반
　국가단체나 그 구성원 또는 그 지령을 받은 자의 활동을 찬양 · 고무 · 선전 또는
　이에 동조하거나 국가변란을 선전 · 선동한 자는 7년 이하의 징역에 처한다. 〈개
　정 1991. 5.31〉 ……

③ 제1항의 행위를 목적으로 하는 단체를 구성하거나 이에 가입한 자는 1년 이상의
　유기징역에 처한다. 〈개정 1991.5.31〉

④ 제3항에 규정된 단체의 구성원으로서 사회질서의 혼란을 조성할 우려가 있는 사
　항에 관해 허위사실을 날조하거나 유포한 자는 2년 이상의 유기징역에 처한다.
　〈개정 1991.5.31〉

⑤ 제1항 · 제3항 또는 제4항의 행위를 할 목적으로 문서 · 도화 기타의 표현물을 제
　작 · 수입 · 복사 · 소지 · 운반 · 반포 · 판매 또는 취득한 자는 그 각항에 정한 형
　에 처한다. 〈개정 1991.5.31〉

⑥ 제1항 또는 제3항 내지 제5항의 미수범은 처벌한다. 〈개정 1991.5.31〉

⑦ 제3항의 죄를 범할 목적으로 예비 또는 음모한 자는 5년 이하의 징역에 처한다.
　〈개정 1991.5.31〉

제8조(회합 · 통신 등)

① 국가의 존립·안전이나 자유민주적 기본질서를 위태롭게 한다는 정을 알면서 반국가단체의 구성원 또는 그 지령을 받은 자와 회합·통신 기타의 방법으로 연락을 한 자는 10년 이하의 징역에 처한다. 〈개정 1991.5.31〉······

③ 제1항의 미수범은 처벌한다. 〈개정 1991.5.31〉······

제9조(편의제공)

① 이 법 제3조 내지 제8조의 죄를 범하거나 범하려는 자라는 정을 알면서 총포·탄약·화약 기타 무기를 제공한 자는 5년 이상의 유기징역에 처한다. 〈개정 1991.5.31〉

② 이 법 제3조 내지 제8조의 죄를 범하거나 범하려는 자라는 정을 알면서 금품 기타 재산상의 이익을 제공하거나 잠복·회합·통신·연락을 위한 장소를 제공하거나 기타의 방법으로 편의를 제공한 자는 10년 이하의 징역에 처한다. 다만, 본범과 친족관계가 있는 때에는 그 형을 감경 또는 면제할 수 있다. 〈개정 1991.5.31〉

③ 제1항 및 제2항의 미수범은 처벌한다.

④ 제1항의 죄를 범할 목적으로 예비 또는 음모한 자는 1년 이상의 유기징역에 처한다. ······

지금 세상이 태평성대인 것 같아도 우리는 언제든지 사상범이 될 수 있는 시대에 살고 있음을 알아야 한다. 이명박 정부야 처음부터 기대는 안 했지만 그래도 문제가 심각하다. 출범 첫해는 주춤하더니만 그 다음 해부터 국보법 사건이 급속하게 증가하고 있다. 2009년 57명이 입건되더니 2010년에는 무려 60%나 증가하여 97명이 입건되었다. 그들 사건들도 내용을 따지고 보면 여전히 절반 이상은 국보법 7조 위반 사건이다.

국보법은 이 땅에 사는 사람들로 하여금 북한이 제시하는 어떤 정책도 동의할 수 없게 만든다. 아니 그것 이상으로 북한에 대해서는 적대적으로 생각하고, 적대적으로 표현해야 이 사회의 건전한 구성원으로 인정받을 수 있다. 국보법 적용의 역사를 보면 어떤 사람의 주장이 결과적으로 북한의 주의주장과 동일한 경우도 북한을 찬양·고무하는 자로, 혹은 동조하는 자로 평가되었다. 우리가 남북한과 관련된 말을 하고자 한다면 북한의 주의주장을 전부 찾아보고, 북한이 말하지 않은 것만을 골라 말해야 한다. 그렇지 않으면 언제든지 감옥에 갈 것을 각오해야 한다.

서구는 1,000년 이상 종교적 권위에 이성이 도전했다. 그러나 우리는 근세사에 들어 국가 권력이 만든 권위에 도전하는 이성의 역사를 경험하고 있다. 비록 그 내용은 다르나 본질은 다를 수 없다. 종교는 도전하는 이성을 이단시하면서 폭력으로 대응했으나 결국 이성의 도전을 받아들이지 않을 수 없었다. 서구 사회의 사상의 자유, 표현의 자유, 집회 결사의 자유는 모두 이성의 도전에서 얻어낸 결과가 아닌가.

대한민국도 필시 그런 역사를 걸어가고 있다고 나는 믿는다. 국가 권력이 아무리 국보법을 무기로 사상의 자유를 제한한다 해도 결국 이성의 도전에는 굴복하지 않을 수 없을 것이다. 비록 완전한 자유를 쟁취하는 것이 힘들고, 오랜 시간이 걸린다 하더라도, 그 자유를 쟁취하는 과정을 정지시킬 수는 없을 것이다. 지난 반세기 우리의 역사가 그것을 증명하지 않았는가. 땅에 떨어진 국보법의 현주소가 바로 그것을 말해주지 않는가. 이 땅의 사상의 자유를 위해 국보법의 운명, 이제 정말로 진지하게 생각할 때이다.

존 B. 베리는 누구인가

존 B. 베리(John B. Bury)는 아일랜드 모나핸에서 1861년 태어났다. 그는 아일랜드의 포일 대학과 트리니티 대학에서 역사학을 전공했으며 1893년부터 9년간 트리니티 대학에서 현대사 교수를 지냈다. 1903년 케임브리지 대학의 역사학 교수로 부임하여 유럽 고대사를 비롯하여 역사학 전반에 걸쳐 학문적 성과를 내기 시작한다. 1927년 사망할 때까지 강단을 지키면서 그리스·로마사를 비롯하여 비잔틴사와 19세기 현대사 분야를 연구했다. 특히 영어 사용 역사가들이 소홀이 취급했던 비잔틴사의 재생을 위해 노력했다. 로마쇠망사를 쓴 에드워드 기번의 저작을 편집했고, 1919년 시작한 '케임브리지 고대사'의 편집자이기도 했다. 그는 1927년 로마의 개신교 묘지에 묻혔다.

제 *10* 강

동물은
물건이 아니다

Peter Singer

2011년 초 대한민국에서는 수백만 마리의 소와 돼지가 살처분되었다. 이들 동물에 겐 유사 이래 최대의 수난기였다. 이 사건은 우리로 하여금 동물의 존재에 대해 근본 적인 질문을 던진다. 과연 동물은 인간이 마음대로 처분할 수 있는 물건인가, 아니면 그 이상의 존재인가. 제10강은 이 문제에 대해 이 시대의 저명한 도덕철학자 피터 싱어의 말을 들어보고자 한다. 이 강의를 통해 인간과 동물의 바른 관계가 무엇인지 생각해보는 기회가 되었으면 좋겠다.

구제역 살처분, 당신들 해도 너무 했구려

피터 싱어의 『동물해방』으로 보는 인간과 동물의 도덕철학

꿈에 나타나는 살처분 현장의 생지옥

나는 채식주의자가 아니다. 더욱이 동물애호가도 아니다. 그 흔한
개나 고양이를 집에서 키워본 적도 없다. 그럼에도 요즈음 꿈자리가 뒤
숭숭하다. 살처분 현장에서 죽어가는 소와 돼지가 자꾸 꿈에 나타난다.

트럭에 실려온 돼지들이 구덩이 안으로 떨어진다. 대부분 살아 있는
것들이다. 일부 돼지들은 매질과 발길질이 가해지면서 구덩이 속으로
들어간다. 그것들도 자신의 운명을 아는지 필사적으로 구덩이에서 나오
려 한다. 발버둥치는 돼지들 머리 위를 굴착기가 찍어 누른다. 꽥꽥거리
는 비명이 온 천지를 진동한다.

생지옥이 따로 없다. 어떤 곳에서는 이런 식으로 반나절 만에 2만 마
리의 돼지가 살처분되었다고 한다. 2010년 11월 구제역이 처음 발생

한 뒤 이렇게 매몰 살처분된 가축 수가 무려 350여만 마리에 달하고 그 보상액도 1조 원을 넘었다. 환경문제는 대재앙의 문턱에 있고, 살처분 현장에 투입된 공무원들은 과로로 사망하거나 정신적 스트레스 때문에 심각한 후유증에 시달리고 있다.

나는 여기서 이 대란에 대해 한마디 말하지 않을 수 없다. 살처분에 따른 보상문제는 이야기하지 않을 것이다. 대재앙 수준의 환경문제도 이야기하지 않을 것이다. 내가 이야기하고자 하는 것은 인간과 동물의 철학적 관계이다. 우리의 머릿속을 지배하는 동물관에 지각변동이 없고서는 이 같은 일이 또 일어날 수 있기 때문이다.

동물은 단지 물건일 뿐인가

마하트마 간디는 "한 국가의 위대함과 도덕성은 그 나라의 동물들이 어떻게 대우받고 있는지를 보면 알 수 있다"고 했다. 한 평생을 성현의 반열에 맞추어 산 그다운 말이다. 그러나 이런 말이 어느 사회나 통용되는 것은 아닐 것이다. 우리 사회에서 아무리 인권을 강조하는 사람이라 할지라도 그것은 오로지 사람에 대한 문제이지 동물에 대해서까지 말하는 것 같지는 않다.

우리 사회에서 동물은 법률적으로 철저히 '물건'으로 취급된다. 물건은 '인권'의 대상이 아니라 사람의 '물권'의 대상이 된다. 그것은 소유와 점유의 객체가 되고, 그 권리자인 인간에게 처분권이 있다. 그것은 다른 물건과 마찬가지로 사용되고 처분되고 심지어는 필요가 없으면 폐기된다. 이것이 사실 350여만 마리의 소와 돼지가 생매장되어도 그냥 넘어가는 이유이기도 하다.

물론 우리 사회는 오랜 기간 불교의 영향을 받아왔다. 따라서 남다른 생명사상을 가진 사람들도 많다. 이들에게는 살아 있는 생명체는 모두 소중한 것이며 그에 대한 살생은 절대적으로 금기시된다. 하지만 이러한 사상이 현대를 살아가는 우리들에게 도통 영향을 끼치지 못하는 것이 현실이다. 동물은 그저 '물건'일 뿐이다.

새로운 패러다임의 탄생

그런데 불교의 영향도 받지 않은 서구에서는 오래 전부터 동물에 대한 철학적 논쟁이 있어왔다. 그 핵심은 동물이 과연 단순한 물건인가의 논쟁이었다. 이 논쟁은 인간 중심의 기독교적 신학과도 관계가 깊다. 중세를 살아오는 동안 유럽인들의 머릿속은 하나님이 다른 동물과 특별히 구별하여 만든 존재가 자신이라는 생각이 지배했다.

그러나 이러한 사고도 르네상스 이후 과학의 발달과 함께 점점 회의하지 않을 수 없는 상황이 되었다. 더욱이 진화론적 입장이 과학의 중심에 서면서 오로지 인간만이 '사랑하고 즐기며 고통을 느낄 수 있는 존재'인가에 의문을 갖게 되었다. 수억 년의 진화 속에서 어떻게 인류만이 그런 것의 주체가 될 수 있는가에 대한 근본적인 질문이었다.

이러한 회의는 동물을 다시 보게 하는 상황을 만들었다. 무엇인가 다른 패러다임 속에서 인간과 동물의 관계를 만들어가야 한다는 사상이 싹트기 시작한 것이다. 그리고 이런 흐름은 동물보호와 복지로 이어졌고, 20세기 후반 유럽 사회는 동물보호와 복지에 관한 각종 규범을 만들어 시행하게 되었다. 이제 유럽 국가들은 과학실험에 사용되는 동물, 식용으로 길러지는 동물들 그리고 야생동물들에 훨씬 인간적인 환경을 만들어주기 위한 프로그램을 실시하고 있다.

종차별주의를 반대하는 『동물해방』

오늘 우리는 인간과 동물의 관계를 철학적으로 정립할 필요성을 느낀다. 이것은 그저 고답적인 도덕철학이 아니다. 왜냐하면 우리가 어떤 동물에 대한 도덕철학을 갖느냐에 따라 이번과 같은 구제역 사태에서 대응이 전혀 달라지기 때문이다. 이 같은 것을 생각하면 여기에 소개하는 철학자 피터 싱어의 동물에 관한 도덕철학은 충분히 음미할 만하다. 피터 싱어는 호주 출신의 도덕철학자로 1975년 그의 주저 『동물해방』(김성한 옮김)을 세상에 내놓았다.

『동물해방』은 출판된 이래 동물의 권리(animal rights) 분야의 바이블로 통한다. 그만큼 이 책은 인간과 동물의 관계가 어떻게 되어야 할지에 대해 깊은 통찰력을 주는 책이다. 이 책은 동물의 권리를 주장하는 사람에게나 동물의 복지를 주장하는 사람에게나 할 것 없이 자신들의 입장을 철학적으로 전달할 때 필요한 논리를 제공해왔다.

종차별주의의 역사적 기원

싱어가 말하고자 하는 핵심은 인간의 도덕적 관심에 동물을 포함해야 한다는 것이다. 그는 동물이 단지 인간의 종(species)에 해당하지 않는다는 이유로 차별해서는 안 된다고 한다. 즉, 그의 동물에 대한 도덕 철학의 핵심은 종차별주의를 반대함으로써 종 간의 원칙적 평등을 주장하는 것이다.

서구 역사에서 종차별주의의 근원을 찾다 보면 로마와 기독교의 영향을 거론하지 않을 수 없다. 로마제국은 콜로세움 등의 원형경기장에서 허구한 날 투기회를 열어 수많은 동물들 — 사자, 호랑이, 코끼리, 하마, 코뿔소, 황소, 사슴 심지어는 악어나 뱀들까지 — 을 사람들의 호기심 속에서 죽였다. 피에 대한 백성들의 갈망이 너무도 강했기 때문에 투기회는 곡식을 분배하는 것보다도 중요한 행사였다.

기독교는 인간의 존엄성을 신성시했기 때문에 인권의 신장에 크나큰 기여를 했다. 그러나 동물과의 관계에서는 인간과 다른 종 간의 차별을 공고히 한 종교로서 기록되어야 한다. 종교 중에는 불교와 같이 모든 생명의 신성함을 가르치는 종교도 있지만 기독교는 철저히 인간 중심의 종교이다. 기독교는 오로지 인간의 생명만이 신성하다는 관념을 널리 전파했다. 싱어는 이에 대해 이렇게 말한다.

> ······ 새로운 교의(기독교)는 여러 면에서 진보적이었으며, 그리하여 로마인의 제한된 도덕적 영역을 엄청나게 확장시켰다. 하지만 인간 아닌 다른 종에 대한 처우와 관련시켜 생각해볼 때, 그러한 교의는 구약성서에서의 인간 아닌 동물들의 낮은 지위를 더욱 공고히 하고 저하시켰다. 구약성서에는 인간이 다른 종을 지배해야 한다고 쓰여 있지만, 그래도 거기에서는 다른 종들의 고통에 대한 희미한 관심이나마 찾아볼 수 있었다. 하지만 신약성서에서는 동물에 대한 가혹 행위에 반대하는 어떠한 명령도 찾아볼 수 없으며, 동물의 이익을 고려하는 권고 또한 찾아볼 수가 없다. 324쪽

싱어는 종차별주의를 사실상 인종차별·성차별주의의 연장선에서 이해해야 한다고 한다. 종차별이 도덕적으로 인정될 수 있는 근거는 인종차별이나 성차별과 같이 지적 능력에 대한 그릇된 믿음이었다. 즉, 유색인종은 백인에 비해, 여성은 남성에 비해 지적 능력이 차이가 있다든지 하는 믿음은 인종차별과 성차별을 정당화한 오도된 믿음이었다.

이와 같은 믿음은 종차별주의에도 그대로 적용되었다. 즉, 인간이 다른 종의 동물에 대해서 차별을 할 수 있는 것은 인간과 그들 간의 지적 능력의 차이 때문이라는 것이다. 동물은 인간에 비해 하등동물이니 거기에 걸맞은 대우를 받는 것은 당연하다는 것이다.

그러나 오늘날 인종차별이나 성차별을 하면서 그 근거로 지적 능력

운운하면 그 사람은 정신이상자에 다름 아니다. 따라서 종차별주의에도 이러한 새로운 믿음은 동일하게 적용되어야 한다는 것이 싱어의 생각이다. 인간과 동물의 차이를 지적 능력 운운하며 그 차별을 정당화할수 없다는 것이다. 만일 그것을 인정하면 무뇌아로 태어난 아기는 침팬지보다 그 지능이 못하니 그 생명권을 연장할 이유가 없다. 싱어는 이렇게 말한다.

설령 좀 더 나은 지적 능력을 소유한다고 해도 자신의 목적을 위해 한 사람이 다른 사람을 이용할 수는 없다. 이것이 사실이라면 좀 더 나은 지적인 능력을 소유하고 있다고 해도 그로 인해 인간에게 인간 아닌 존재를 착취할 권한이 부여되지는 않는 것이다. 41~42쪽

쾌고감수의 존재로서의 동물

종차별주의가 잘못된 도덕관념이라면 그 근거를 어디에서 찾아야할까. 이것이 바로 『동물해방』에서 싱어가 말하고자 하는 그의 철학의핵심이다. 도대체 우리는 왜 인간 아닌 존재에게도 평등의 도덕론을 펼쳐야 하는가. 그 대답은 싱어의 공리주의에 있다.

싱어는 공리주의 철학자로 알려져 있다. 그는 쾌락과 고통을 느낄수 있는 존재(sentient beings) ― 철학에서는 이를 '쾌고감수의 존재'라 한다 ― 의 목표는 쾌락을 극대화하고 고통을 최소화하는 것으로 본다. 따라서 사람 이외의 동물도 최소한 쾌고감수의 존재인 한 이러한 공리주의

가 적용되지 못할 바가 없다는 것이다.

싱어가 인간 아닌 동물에게도 공리주의가 적용될 수 있다는 논리를 펼 수 있게 된 것은 공리주의의 창시자인 제레미 벤담의 영향이 컸다. 벤담은 일찍이 평등의 개념을 이익의 동등 고려(principle of equal consideration of interests)로 이해했다. 이것은 동일한 이익에는 동일한 고려가 있어야 한다는 원칙이다.

벤담은 이 원칙을 사람 사이에서만 아니라 동물에게까지도 확장될 수 있다는 생각을 했다. 왜냐하면 동물에게도 고통을 느낄 수 있는 능력은 사람과 다르지 않는 것이고, 그렇다면 동물도 사람과 같이 고려될 이익이 있다는 것이다. 싱어는 이를 이렇게 표현한다.

고통과 즐거움을 느낄 수 있는 능력은 한 존재자가 이익을 갖는다고 할 때의 필요충분조건이다. 가령 쥐는 차여서 길에 굴러다니지 않을 이익을 분명 가지고 있다. 왜냐하면 쥐는 차이게 될 경우 고통을 느낄 것이기 때문이다. 43쪽

공리주의와 동물에 대한 처우

싱어는 한 행동으로부터 기인하는 쾌락과 고통의 총량이라는 차원에서 가치를 계산한다. 이 방법은 소수에게 고통을 줄지라도 다수에게 쾌락이나 고통의 감소를 가져다준다면 이를 허용한다. 따라서 싱어에게 있어서는 동물을 의학적 연구 용도로 사용하는 것은 그것 외에는 다

른 방법이 없고 많은 사람을 구하기 위한 것이라면 허용된다. 왜냐하면 이러한 행동에서 비롯되는 '선(good)'이 이것으로 인해 발생하는 동물에 대한 고통을 훨씬 능가하기 때문이다.

하지만 동물을 식이용으로 사용하거나 화장품 시험용으로 사용하는 것은 비도덕적이다. 왜냐하면 그러한 행동에서 비롯되는 '선'은 비교적 경미하고 그것 아닌 다른 방법으로도 목적을 달성할 수 있기 때문이다. 따라서 싱어의 동물에 대한 도덕관은 자연스레 채식주의로 연결된다. 채식을 하면서도 인간이 살 수도 있는데 군이 동물을 죽여 이를 식용으로 할 필요는 없다는 것이다.

싱어에게 있어서 중요한 것은 동물에게 본질적인 가치를 부여해야 한다는 점이다. 동물은 결코 인간의 목적을 위해 사용되는 수단이 아니라는 것이다. 그렇다고 해서 싱어가 동물이 인간과 동일한 권리를 누릴 수 있다고 보는 것은 아니다. 그는 분명히 종차별주의를 반대하는 것이 모든 생명에 동등한 가치가 있다는 것을 의미한다는 것을 의미하지는 않는다고 말한다.

동물의 본질적 가치는 그 쾌고감수의 정도(sentience level)에 따라 달라져야 하는데, 인간의 경우는 동물이 갖지 못하는 경우(예, 미래에 대한 고통의 예측)라도 고통을 느낄 수 있으므로 다른 동물보다 높은 가치를 지닌다고 할 수 있다. 따라서 불가피하게 과학실험을 해야 한다면 인간에 대한 생체실험보다는 동물에 대한 실험이 더 낫다. 그것은 인간에 대한 생체실험의 고통이 동물에 비해 더 크기 때문이다. 인간은 생체실험 자체의 고통도 느끼지만 생체실험의 공포에서 오는 고통도 느끼는 존재이기 때문이다.

…… 그런데 인간 아닌 동물을 대상으로 한 동일한 실험은 상대적으로 적은 고통을 야기할 것이다. 왜냐하면 동물들은 납치되어 실험 대상이 될 가능성으로 인해 고통을 느끼지는 않을 것이기 때문이다. 물론 이것이 동물들을 대상으로 하는 실험이 옳다는 것을 의미하지는 않는다. 이는 굳이 실험이 행해져야 한다면, 정상적인 성인보다는 동물을 사용하는 것이 낫다고 말할 이유가 있음을 말하고 있을 뿐이다. 55쪽

싱어는 인간이라는 이유만으로 인간이 다른 피조물보다 더 높은 가치가 있다고 생각하는 것은 종차별로서 허용될 수 없다고 한다. 싱어에게 있어 현대의 동물해방운동은 19세기 노예해방운동과 같은 선상에 있다. 즉, 인종차별주의를 극복하여 인간해방으로 나간 것과 같이 종차별주의를 극복하여 동물해방으로 나가야 한다는 것이다.

결론적으로 싱어에게 있어 인간을 포함한 모든 동물, 적어도 쾌고감수의 능력을 가진 존재는 모두 평등하다. 이것이 싱어가 우리에게 말하고 싶은 그의 동물에 대한 도덕철학의 결론이다.

동물복지론과 동물의 5대 자유

이제 싱어와 같이 종차별주의에 반대하는 도덕철학이 오늘날 서구에서 어떤 반향을 일으키고 있는지를 알아보자. 나는 최근 몇 년 동안 이 문제에 관심을 갖고 다양한 정보를 수집해왔다. 그 결과 이러한 새로운 도덕철학은 동물복지론으로 이어졌다는 것을 발견했다. 복지(welfare)는 통상 '기본적인 욕구가 충족되고 고통이 최소화되는 행복한 상태'라고 정의된다. 따라서 동물복지란 동물에게 이러한 상태를 제공할 인간의 책무를 말한다고 할 수 있다.

유럽에서 동물복지론이 본격적으로 논의되어 제도화된 것은 1960년대 영국의 「브람벨(Brambell) 보고서」가 나오고 나서부터이다. 영국 정부는 1965년 브람벨 교수에게 농장동물(farm animal) 복지에 관한 전반적인 조사를 의뢰했다. 그 후 영국 정부는 「브람벨 보고서」에 기초하여 '농장동물 복지자문위원회'(1967년)를 설립했고 이것은 1979년 '농장동물 복지이사회'로 발전했다.

농장동물 복지이사회의 활동 결과 유럽 여러 나라의 동물(그중에서도 농장동물) 복지의 표준이 된 동물의 5대 자유(Five Freedoms) 개념이 탄생했다.

- 배고픔과 갈증으로부터의 자유(Freedom from Hunger and Thirst): 농장동물에게 건강을 유지하기 위해 신선한 물과 음식에 접근할 수 있어야 한다.
- 불쾌감으로부터의 자유(Freedom from Discomfort): 농장동물에게 편안한 축사 등 적절한 환경을 제공해야 한다.
- 고통, 부상 및 질병으로부터의 자유(Freedom from Pain, Injury or Disease): 농장동물에게 고통과 질병에서 벗어날 수 있도록 적절한 처방 및 치료가 주어져야 한다.
- 통상의 행위를 표현할 수 있는 자유(Freedom to Express Normal Behaviour): 농장동물에게 적절한 공간과 시설에서 살게 하고 같은

종의 농장동물이 어울려 살 수 있도록 해야 한다.

• 공포와 고통으로부터의 자유(Freedom from Fear and Distress): 농장
  동물에게는 정신적 고통을 피하도록 적절한 환경과 처우를 해야 한다.

위의 개념은 동물복지의 필요적 기준을 정한 것은 아니다. 이것은
동물복지의 이상적 상황(best possible standards)을 설정한 것이다. 인간
이 동물을 사용하지 않을 수 없지만 그렇다고 해도 사육과정이나 이동
과정 혹은 판매과정에서 동물들에게 불필요한 고통을 주지 않도록 위
와 같은 상황을 지향해 나가자는 것이다. 동물보호에서 하나의 이념과
이상을 구체화한 것이라 할 수 있다.

유럽의 동물복지정책, 그 현황

위와 같은 배경 속에서 유럽 각국에서는 1960년대 이후 농장동물을
중심으로 동물복지적 관점의 많은 법령이 만들어진다. 유럽에서 이러
한 변화를 일으키는 데에는 두 개의 초국가적 기구인 유럽평의회 및 유
럽연합(EU)의 역할이 컸다. 이들 초국가적 기구는 농장동물복지를 위
한 최소한의 규범을 만들었고, 회원국가에 대해 그 도입을 촉구해왔다.
1990년대에 들어와 EU가 창설되고 나서부터 동물보호 및 복지에
관한 EU의 정책은 보다 분명해졌다. 이것은 EU가 그 기본문서에 관련
조항을 명기하는 것에서 알 수 있다. EU는 1999년 발효된 암스테르담
조약을 통해 동물복지에 관한 역사적인 조항을 넣는 데 성공한다. 동

조약에서 부속문건으로 채택된 '동물보호와 복지에 관한 의정서'에서 EU는 쾌고감수의 존재(sentient beings)로서의 동물을 인정하고 각 회원 국들이 그에 걸맞은 관심을 기울일 것을 요구하고 있다. 세계의 어떤 법도, 조약도 동물을 이런 존재로 표현한 적이 일찍이 없었다.

EU의 동물복지에 관한 노력은 2004년 체결된 EU헌법 창설을 위한 조약에서 그 본문에 하나의 조항을 넣음으로써 더욱 관심을 받았다. 이 조약 제121조에서는 동물이 쾌고감수의 존재임을 인식하고 공동체와 회원국은 농업, 어업, 운송, 국내시장, 기술적 실험 분야 등에서 동물복 지적 차원의 최선의 고려를 해야 한다고 규정하고 있다. 이러한 내용은 2007년 EU 개혁을 지향하면서 체결된 리스본 조약에서도 확인되었다.

그뿐 만이 아니다. 국내적 차원에서도 변화는 일어나고 있다. 독일 국회는 2002년 동물의 권리를 헌법에 보장한 세계 최초의 국가가 되었 다. 인간의 존엄성을 존중하고 보호하도록 한 헌법 규정 속에 동물을 추가한 것이다. 이러한 현상을 제러미 리프킨은 『유러피언 드림』(이원 기 옮김)에서 보편적 인권 개념이 동물에게까지 확장된 것이라고 표현 했다.

살처분된 소와 돼지를 위해 우리 모두 천도재를 올리자

내가 동물에 관한 도덕철학과 유럽의 상황을 소개하는 것에 대해 오 해하지 말라. 우리 모두 채식주의자가 되어 동물을 해방하자는 말이 아 니다. 나도 그럴 자신은 없다. 단지 쾌고감수의 존재인 동물에 대해 최소한의 예의를 지키자는 것이다. 그것은 동물의 목숨을 거두는 것을 남용하지 말고, 불가피하게 거둘 때라도 고통을 최소화해야 한다는 것이다.

이제 글을 맺으면서 다시 우리의 문제로 돌아오자. 구제역 대란에서 보여준 우리 정부의 동물관은 위에서 본 동물에 관한 도덕철학에 비추어 어떻게 평가될 수 있을까. 그 판단은 독자에게 맡긴다. 다만 이곳에서는 위에서 거듭 나온 철학적 용어 하나만 강조하자. 대한민국에서 키워진 소나 돼지도 '쾌고감수의 존재'라는 사실을.

여기에서 비판하지 않을 수 없는 것은 장식적 법률에 불과한 우리의 동물보호법이다. 이 법은 비록 유럽과 같이 동물에 대한 인도적 처우가 세밀하게 규정되어 있지는 못하지만 적어도 그 취지만큼은 국제적 추세와 유사하다. 그러나 그 법률은 있으나마나한 법률, 장식법률에 불과하다.

구제역과 관련한 동물보호법의 한 조문만 보자. 동물보호법 제11조는 도살 규정인데 " …… 동물을 죽이는 경우에는 …… 고통을 최소화하여야 한다"라고 되어 있다. 그런데 이 규정을 위반했다고 해도 아무런 벌칙도 없으니 솔직히 있으나마나한 규정이다. 그런 이유로 정부는 중인환시(衆人環視)리에 소와 돼지를 생매장했다. 현행법의 명백한 위법행위를 정부가 버젓이 대낮에 했단 말이다. 나는 이런 정부를 규탄하지 않을 수 없다. "대한민국 정부여, 당신들은 해서는 안 될 일을 그토록 잔인하게 했구려."

이제 끝을 맺자. 나는 구제역으로 살처분된 350여만 마리의 소와 돼지를 생각할 때마다 콜로세움에서 각종 투기회를 즐긴 잔인했던 로마인들이 생각난다. 우리는 전 국토를 콜로세움으로 만들어 투기회를 즐긴 잔인한 민족이 되었다. 내 비록 채식주의자도 아니요, 특별한 동물 애호가도 아니지만 이런 식으로 동물을 대해선 안 된다는 것을 강조한다. 그것은 자연의 이치에도 맞지 않는 것이고, 우리의 최소한의 도덕 철학에도 결코 용인될 수 없는 부도덕한 행위이다. 전 국민이 나서 마음속으로 천도재를 지내고 다시는 이런 일이 재발하지 않도록 다짐하는 기회가 되어야겠다.

피터 싱어는 누구인가

 피터 싱어(Peter Singer)는 1946년 호주 멜버른에서 태어났다. 그는 호주 멜버른 대학과 영국 옥스퍼드 대학에서 수학했다. 철학자로서 그가 평생 관심을 갖는 것은 실천철학이다. 따라서 그의 철학은 응용철학이라고도 불린다. 그동안 그는 민주주의와 불복종, 안락사, 낙태, 시험관 아기 등과 같은 현대사회에서 매일같이 일어나는 윤리적 문제에 어떻게 대처할 것인가를 고민해왔다. 동물에 관한 관심사도 그러한 그의 철학적 태도에서 나온 매우 현실적인 철학문제이자 윤리문제이다. 그는 『동물해방』을 비롯하여 『민주주의와 불복종』, 『실천윤리학』, 『범위확장』, 『마르크스』, 『헤겔』, 『동물공장』, 『재생산혁명』, 『아기가 살아야 하는가』, 『이렇게 살아도 괜찮은가?』, 『삶과 죽음에 대한 회상』, 『세계화의 윤리』, 『선과 악의 대통령』 등 다수의 저서를 발표했다.

그는 동물에 대한 철학적 관심을 현실적 운동으로 연결시킨 사람으로 호주 동물권익 옹호단체인 동물해방의 초대 회장과 호주와 뉴질랜드 동물협회연맹 회장을 역임했다. 그는 현재 프린스턴 대학의 인간가치연구센터의 석좌교수로 재직 중이다.

돼지가 죽는 나라[*]

영화 〈돼지가 있는 교실〉

1990년 일본 오사카의 한 초등학교에 새로 부임한 구로다 선생은 담임을 맡은 4학년 학급 학생들과 '키워서 잡아먹는 것'을 전제로 새끼돼지 한 마리를 키우기 시작한다. 동물이 쉽게 죽을 경우 아이들이 생명을 대수롭지 않게 여길 수 있다고 생각하여 생명력이 강한 돼지를 선택했고, 키워서 잡아먹기로 약속한 것은 '생명'과 '먹을거리'에 대해 아이들에게 고민할 기회를 주기 위함이었다고 한다. 그리고 졸업할 때까지 900일간 아이들은 'P짱'이라고 이름 붙인 돼지를 정성을 다해 보살폈다고 한다.

영화 <돼지가 있는 교실(豚がいた教室)>(2008)은 위의 실제 실험적

---

[*] 이 글은 필자가 몸담고 있는 한양대 로스쿨에 재학 중인 강경민 씨가 쓴 것이다. 강 씨는 필자의 인권법 수강생으로서 학부에서 국어와 사회학을 전공했다. 필자의 '명저 강의' 애독자로서 강의 중 『동물해방』에 깊은 관심을 가지고 이 책 출간에 참여했다.

교육을 바탕으로 한 영화이다. 영화에서 젊고 의욕 넘치는 6학년 2반 담임 호시 선생은 새 학년을 시작하면서 새끼 돼지 한 마리를 데려온다. 그리고 실화에서의 구로다 선생과 같이 아이들이 졸업할 때까지 1년간 돼지를 키워 잡아먹기로 약속한다. 물론 젊고 의욕 넘치는 신입교사의 이 조금은 무모한 시도는 학교 동료교사, 학부모들 사이에서 적지 않은 파장을 일으킨다.

그러나 어른들의 사정과 상관없이 아이들은 돼지 'P짱'과 함께 쑥쑥 성장해 나갔다. 처음에는 돼지 사육에 애를 먹기도 하지만 곧 먹이고 씻기기는 물론 돼지우리를 짓고, 근처 요양원에서 남은 음식을 받아 오고, 'P짱 키우기 자금 마련'을 위한 폐품 수집과 같은 일까지 직접 해결해 나간다. 그리고 돼지 'P짱'에게도 성별이 있고, 달리기와 토마토를 좋아하고, 항상 식욕 왕성한 돼지이지만 때로는 아파서 식욕을 잃을 때도 있다는 사실 등을 깨닫는다. 그러한 생명에 대한 이해를 통해 아이들은 변화한다. 항상 접하던 급식에서도 '생명'을 발견하고, 채소반찬 고기반찬 하나하나를 감사한 마음으로 먹기 시작하는 것이다. 몇몇 아이들이 한때 육식을 거부하기 시작하고 이에 학부모들이 항의하는 소동이 일어나기도 하지만 이 영화는 육식 거부를 주장하는 영화는 아니다.

그러나 'P짱'과 함께 좌충우돌한 1년의 세월이 지나고 졸업이 다가오면서 단란하던 6학년 2반은 분열되기 시작한다. 애초 약속대로 'P짱'을 식육센터로 보내서 잡아먹어야 한다는 '식육센터파'와 우리 친구 'P짱'을 절대 잡아먹을 수는 없고 사육을 함께 해온 3학년 후배들에게 맡기자는 '3학년 1반파'로 나뉘어 팽팽하게 대립하는 것이다. 영화는 실제 아이들이 목소리를 그대로 각본에 옮겨 담았다는 아이들의 토론 장면에 후반부의 거의 대부분을 할애한다.

우리가 졸업한다는 사정만 내세우고 왜 어떻게 하면 P짱을 더 오래 살게 할지는 고민하지 않는 거니?

죽이는 거랑 먹는 건 달라. 죽이는 건 단지 생명을 빼앗을 뿐이고 먹는 것은 죽은 동물의 생명을 이어받는 거야.

속마음은 P짱이 더 오래 살았으면 좋겠어. 하지만 후배들한테 물려준다고 해도 나중에는 같은 문제에 부딪히게 될 거 아냐. 우리 스스로 키우기 시작했으니까 우리 손으로 끝내는 게 책임을 다 하는 일이라고 생각해.

'P짱'을 생각하는 마음은 모두 같지만 애정 아니면 책임감이라는 어려운 선택에 부딪힌 아이들은 열띤 토론을 계속하다가 급기야 울기 시작한다. 그리고 그때까지 침묵을 지키고 있던 한 아이가 조용히 손을 들고 던진 질문 앞에 호시 선생은 잠시 할 말을 잊는다.

선생님, 생명의 길이는 누가 결정하는 건가요?

『동물해방』과 『현실 윤리학』

싱어의 『동물해방』의 핵심은 강의가 지적하고 있는 바와 같이 동물이 쾌고감수의 존재인 이상 인간과 마찬가지로 공리주의의 적용을 받아야 한다고 주장하고 있는 데에 있다. 다시 말해 동물에게 그로 인하여 인간이 얻을 수 있는 선(善) 이상의 고통을 가하는 것은 부도덕한 행위이다. 그리고 그의 공리주의적 원칙에 따르면 채식은 인간이 도덕적으로 반드시 지켜야 할 의무는 아니지만 동물에게 가해지는 고통을 종식시킬 수 있는 가장 효과적이고 강력한 수단이자, 도덕적 문제에서 벗어날 수 있는 안전한 선택인 것이다.

그리하여 "요리책인지 철학책인지 구별할 수 없다"는 농담 섞인 평을 받았을 정도로『동물해방』은 채식의 도덕적 이유는 물론 방법론과 영양학적 이론들까지 구체적으로 망라하고 있다. 그리고 그 배경에는 싱어 자신의 공리주의적 입장은 물론 책에서 신랄하게 비판하고 있는 1970년대 서양의 야만적인 가축 사육방식이 자리 잡고 있었으리라는 추측이 가능하다.

그러나 후에 출간한『현실 윤리학』에서 싱어는 자신의 공리주의적 입장에서 생각해볼 때 채식이 불가피한 도덕적 의무로 귀결되지는 않고, 오히려 공리주의적 관점에서 볼 때 사육과정과 도살과정에서 동물에게 고통을 가하지 않는다면 동물을 육식으로 소비해도 도덕적 문제는 없을 것이라고 한 발 물러선 태도를 보인다. 채식주의자의 입장에서는 배신과 같이 느껴졌을지도 모르는 그와 같은 변화의 원인은 우선 공리주의적 입장에서 찾아보아야 할 것이나, 다른 한 편으로는 사회의 요구에 따른 입법 등을 통해 최소한 서양 선진국에서는『동물해방』이 출간될 때와 같은 끔찍한 가축 사육방식을 찾아보기 힘들어졌다는 외적 요인에서도 찾아볼 수 있을 것이다.

"돼지가 죽는 나라"

영화 <돼지가 있는 교실> 이야기로 돌아가면 6학년 2반의 '식육센터파'와 '3학년 1반파'가 마지막까지 팽팽하게 동수를 유지한 가운데 결국 결정권은 마지막 한 표를 쥔 호시 선생에게 돌아간다. 그리고 호시 선생은 오래 숙고한 끝에 'P짱'을 식육센터로 보내기로 결정한다. 아이들의 졸업 전날, 'P짱'은 자신이 제일 좋아하는 토마토를 먹으면서 깨끗한 유니폼을 갖춰 입은 직원들이 운전하는 청결한 트럭에 올라 아이들이 눈물 섞인 배웅을 받으면서 식육센터로 떠난다. 적어도 싱어의 공리주의적 입장에서 볼 때 'P짱'은 행복한 돼지였다. 그리고 아이들과 호시 선생 누구도 도덕적으로 비난받을 수는 없을 것이다.

영화가 끝난 후 박찬운 교수님의 '명저 강의' 중 등장한 돼지 살처분 현장의 사진을 다시 들여다본다. 사진 속에서 너무나 많은 'P짱'들이 깔리고 짓눌린 채 울부짖고 있다. 굳이 영상을 찾아보지 않아도 그 절규하는 울음소리가 귓가에 울리는 듯하다. 공리주의적 입장에서 인간이 얻는 선과 동물이 받은 고통을 형량하기도 무색한 광경이다. 살처분을 결정한 위정자들에게 묻고 싶다. "생명의 길이는 누가 결정하는가. 당신들에게 그것을 결정할 권리가 있는가?"

일부 주장대로 백신 접종이란 다른 수단이 있음에도 불구하고 비용을 절약하기 위해, 혹은 수출을 위한 구제역 청정국가 지위를 유지하기 위해 살처분을 서두른 것이 사실이라면 강의의 마지막 나지막한 꾸지람을 나 역시 반복하는 수밖에 없다. "대한민국 정부여, 당신들은 해서는 안 되는 일을 잔인하게도 했구려."

돼지가 죽는 나라에서 영화 <돼지가 있는 교실>을 꿈꾼다. 인간 모두가 6학년 2반 스물여섯 명의 아이들처럼, 호시 선생처럼, 혹은 피터 싱어처럼 눈앞의 생명에 대해 마지막까지 고민하고 책임질 수 있기를 강의를 듣고 나서 소망해본다.

문화적 인간은
돌 하나에도 감동한다

C. W. Ceram

지적 추구를 하는 사람이라면 언젠가 문화적 인간이 된다. 사람은 빵만으로는 살 수 없으니 말이다. 그렇게 되면 땅 속에서 발굴되는 돌멩이 하나에서도 옛 사람의 향기를 느낄 수 있다. 문화를 이야기할 때 빼놓을 수 없는 것이 고고학적 발굴물이다. 문자로 남겨지지 않은 시대의 유물을 볼 때 우리는 수많은 상상력을 동원하여 옛 사람들의 삶을 복원한다. 수천 년 전의 사람들의 삶을 고고학적 눈으로 바라보면 우리는 그들의 높은 문명에 감동하고, 때론 나와 그들의 지적 간격이 그리 크지 않음에 놀란다. 제11강에서는 세람의 고고학 이야기를 통해 수천 년 전 꽃피웠던 고대 문명을 만나본다.

땅 속 돌 하나에도 감동하는 문화시대의 도래

세람의 『낭만적인 고고학 산책』과 함께 하는 즐거운 과거 여행

이제는 문화적 욕구를 추구할 때

나는 걷기를 좋아한다. 주말이면 예외 없이 몇 시간은 동네 주변을 걷는다. 따사로운 햇살과 청명한 하늘 아래 걷노라면 잔잔한 행복감이 밀려온다. 걸으면서 이런저런 생각에도 잠긴다. 내겐 이 시간이 참 귀중하다. 이런 정도의 삶의 여유도 없다면 난 이 도시문명에 질식할지도 모른다.

이런 나에게 반가운 소식은 제주 올레길을 비롯하여 최근 전국적으로 번지고 있는 걷기 좋은 길 조성이다. 그렇다. 이런 길들이 많아져야 한다. 그래야 우리나라 사람도 조금 여유를 가질 수가 있다. 우, 하고 몰려다니는 여행문화를 졸업하고, 사랑하는 사람과 함께, 때론 혼자서 길을 걸어보자. 그리하면 내 삶의 진솔한 모습을 찾을 수 있을 것이라 믿는다. 고갈된 심리적 에너지가 새롭게 충전됨을 느낄 수 있을 것이다.

한 사회가 개발을 통해 어느 정도 살만하면 다음으로 추구되는 것은 심리적 만족감을 주는 문화다. 이것을 통해 우리 인간들은 욕구충족을 완성하는 것이다. 이것은 이미 심리학자 매슬로우(A. H. Maslow)가 주장한 인간욕구에 대한 연구를 통해 분명히 정리되었다. 그에 따르면 인간의 욕구는 배고픔, 갈증, 수면, 성욕 등으로 대표되는 생리적인 욕구가 가장 기본적이며 이러한 생리적 욕구가 충족되면 그 다음으로 안전, 소속감, 자존심 그리고 자아실현의 욕구로 나아간다고 했다. 간단히 말하면 인간은 생리적 욕구가 충족되면 다음으로 심리적 욕구를 추구한다는 것이다. 여기에서 최고 단계인 자아실현의 단계가 바로 문화적 욕구라 할 수 있다.

우리 사회도 이제 본격적으로 문화적 욕구가 충족되지 않으면 안 될 상황이다. 이제 우리들은 더 이상 경제개발의 노예가 아니다. 우리들은 쉴 없이 일하는 기계가 아니다. 생각할 시간이 있어야 하고 물질적 욕구를 넘어 지적·심미적 욕구가 충족되지 않으면 안 된다. 이름하여 '문화적 인간'이 본격적으로 우리 사회의 주인이 되어야 할 때이다.

인문학적 소양의 중요성

그런데 문화적 인간은 그냥 탄생하는 것이 아니다. 문화란 정신에서 나온다. 문화는 오랜 기간 학습을 통해 훈련되는 것이며, 그렇게 함으로써 사람들에게서 자연스럽게 흘러나오는 품격이다. 그런 의미에서 이 시대에 인문학적 소양을 쌓는 것은 참으로 중요하다. 인문학적 기초가 없는 문화란 사실 얼치기 문화에 다름 아니기 때문이다.

그런 의미에서 이번 강의에 소개하는 『낭만적인 고고학 산책』(안경숙 옮김)은 우리를 문화의 향기로 인도할 좋은 책이다. 내가 이 책을 읽은 것은 수년 전 법조계의 대선배인 최영도 변호사님을 통해서다. 그 분은 우리나라의 대표적 인권변호사인데(국가인권위원회 위원장을 역임하셨다), 법조계에서 인문학적 소양으로는 따를 이가 없을 정도로 박식한 분이기도 하

다. 수십 년간 사라져가는 토기를 모아 그 전부를 국립박물관에 기증했고, 오랫동안 세계문명기행을 해온 것을 토대로 그에 관한 책, 『앙코르 티베트 돈황』과 『아는 만큼 보이고 보는 만큼 느낀다: 유럽 미술관 산책』을 쓰신 분이다.

나는 최 변호사님을 통해 법조인에게 필요한 인문학적 소양을 배웠다. 지난 10여 년 동안 나 또한 세계문명기행을 해왔는데 이 여행을 할 때마다 나에게 문명사의 안목을 키워준 책이 바로 이 책이다. 이 책은 단순히 여행안내서가 아니다. 문명사의 궤적을 통해 우리 인간이 어떤 문화를 만들어 오늘에 이르렀는지를 알게 하는 귀중한 인문학 서적이다. 이 책은 저자의 조국 독일에서는 청소년들이 읽어야 할 필독서 중 하나로 꼽힌다고 한다.

과거로의 여행은 왜 하는가

이 책을 쓴 세람은 독일의 언론인 출신의 작가로 세계인들에게 고대 문명의 중요성을 일깨워준 기념비적인 업적을 쌓은 인물이다. 그가 60년 전에 쓴 책이 바로 이 책인데, 이 책은 세계 고고학사에서 가장 유명한 고고학적 발견을 유려한 문체로 설명하고 있다.

한국에 번역된 이 책 제목은 원제와는 다르지만 책 전체의 분위기에 걸맞은 제목이다. 왜냐하면 세람은 과거의 역사를 딱딱한 학문적 용어로 전달할 생각이 없었다. 과거로의 여행을 떠난 이들의 호기심이 얼마나 감동적인 역사를 만들었는지를 부드러운 필치로 전하고 있으니 말이다. 이 책을 읽다보면 마치 수천 년 전의 세계로 잠시 여행을 가는 느낌이 든다. 그러니 '낭만적인 산책'이 아니겠는가.

그럼에도 독자들 중 일부는 우리가 왜 이런 책을 읽어야 하느냐고 물을지 모른다. 세상 살아가는 데 해야 할 일도 많은데 그저 지적 유희에 불과한 책을 읽어야 하느냐고 반문할 것만 같다. 저자인 세람도 독자들이 이런 의문을 품을 것을 예상하면서 이런 말을 했다.

…… 자동차를 운전하고 비행기를 조종하며 과거가 아닌 미래 지향적인 20세기의 사람들에게 아시리아의 왕이 그의 아들에게 설형문자로 무어라고 썼으며, 이집트 사원의 기초 설계가 어떤 것이었는지 무슨 상관이 있겠는가? 이것은 그럴듯한 질문이고 그에 합당한 답변이 있어야 한다. 35쪽

여러분은 이 질문에 어떻게 생각하는가. 오랫동안 고민하지 마시라. 세람이 바로 답을 주고 있으니. 그는 이렇게 말한다.

······ 고대 문화의 연구에 종사하고 있는 사람은 더 이상 그가 어디에서 와서 어디로 가는지 알지 못하고 미지의 바다로 항해를 떠나는 자와 비교될 수 없다는 것을 뜻한다. 오히려 그는 그가 항해하고 있는 물길을 발견하고 자신의 과거로부터 알 수 있는 미래까지의 그의 진로를 갑자기 알아차리게 된 항해자와 같다. 그렇다! 그는 심지어 미래까지도 감지할 수 있다. 35쪽

그렇다. 과거로의 여행은 단순히 인간의 과거사를 알고자 하는 지적 욕구가 아니다. 우리는 그것을 통해 인간사라는 항해에서 결코 길을 잃지 않는 해법을 배운다. 과거의 경험을 통해 지혜를 배우고 그것은 우리가 미래라는 미지의 세계를 결코 두려움 없이 나아갈 수 있도록 나침반 역할을 한다. 여기에 문화의 비밀이 있다. 그렇다. 우리는 이런 책을 통해 문화의 본질을 이해할 수 있다.

이집트 고대 상형문자의 비밀을 해독하다

이 책은 고고학사에서 놓칠 수 없는 발견을 흥미진진하게 소개한다. 슐리만의 트로이 발굴, 샹폴리옹의 상형문자 해독, 하워드 카터의 투탕카멘 발굴, 그로테펜트의 설형문자 해독, 존 로이드 스티븐슨의 마야

문명이 소개될 때 우리는 감동을 경험한다. 현대 인류가 과거로 여행을 하여 얻는 보물단지를 캘 때의 감동을 생생하게 그리고 낭만적으로 전달한다.

그러나 이 짧은 글에서 그 많은 에피소드를 하나하나 소개할 수는 없다. 다만 한 가지, 독자들에게 나일 문명에 대한 고고학적 발견을 소개함으로써 이 책의 독서에 도전해볼 것을 권하고자 한다. 먼저 고대 이집트의 상형문자에 관한 이야기를 해보자. 독자 여러분은 이 기이하게 생긴 문자가 어떻게 해독되었는지 궁금하지 않은가.

나일 문명을 이해하는 데 하나의 키는 상형문자이다. 나일 문명은 어느 문명보다 많은 문자를 후세에 남겼다. 이것은 문명사적으로 기적과 같은 것이었다. 물론 중국문명도 3,000년 전, 아니 그 이전의 갑골문을 남겼지만 나일 문명은 그 이전, 지금으로부터 5,000년 전의 일을 문자로 남겼다. 나일 문명은 기원전 3,000년부터 남긴 상형문자로 인해 가장 정확한 역사를 알 수 있는 세계 유일의 문명이 되었다.

상형문자는 기원전 3,000년부터 기원후 4세기까지 약 3,000년 동안 사용된 것으로 학자들은 보고 있다. 그런데 이 문자는 기원후 5세기 이후 사람들의 머릿속에서 완전히 사라졌다. 수많은 문자가 이집트의 유적지에서 발견되었지만 그것은 단지 그림에 불과했다. 그러는 시간이 어언 1,500년이 흘렀고, 이 기간 중 어느 누구도 상형문자를 해독한 이가 없었다. 나일 문명은 그저 베일에 싸였던 것이다. 그러다가 상형문자가 세상의 사람들에게 새롭게 나타난 것은 공교롭게도 나폴레옹의 업적이다.

나폴레옹은 1798년 이집트 원정에 나서면서 175명의 고고학자를

대영박물관이 소장한 로제타스톤과 상단에 새겨진 고대 이집트의 상형문자

대동한다. 아마도 젊어서부터 들어온 이집트 고대문명에 대한 관심이 발동한 모양이었다. 이 원정에서 프랑스의 한 장교가 엘-라시드의 포트 줄리앙이라는 곳에서 화강석 석판을 발견한다. 그것이 바로 그 유명한 로제타스톤이다(현재 이것은 영국의 대영박물관에 있다. 나폴레옹이 넬슨 제독에 패해 이 보물은 영국의 전리품이 된 것이다).

이 석판은 높이 1.1미터, 폭 72센티미터의 크기인데, 이곳에는 14줄의 상형문자(신관문자, 이는 정통 상형문자로 종교적인 목적에 주로 사용했다)와 32줄의 민용문자(상형문자를 좀 더 간편하게 만든 것으로 주로 일상생활에서 사용했다) 그리고 54줄의 그리스어가 새겨져 있었다. 사람들은 발견 당시 드디어 난공불락의 상형문자가 해독되는 줄 알았다. 왜냐하면 그리스어와 상형문자를 대조하면 금방 상형문자의 문자체계를 이해할 수 있고 그로 인해 해독의 단서를 잡을 줄 알았기 때문이었다.

샹폴레옹이 만든 상형문자 테이블

출처: Champollion, "Lettre a Monsieur Dacier"

그러나 실제는 그렇지 못했다. 이것을 제대로 해독한 것은 그 뒤 20여 년이 흐른 뒤였다. 천재적인 고고학자 샹폴리옹이 나타나 이 문제의 해답을 얻었던 것이다. 샹폴리옹은 1808년 그의 나이 18세에 로제타스톤의 탁본을 입수한 뒤 이집트 상형문자의 해독에 들어갔다. 고대 그리스어에 능통했던 샹폴리옹은 파라오의 이름을 새긴 것으로 보이는 타원형 부분(카르투슈)과 그리스어를 비교했다. 그것은 다른 학자에 의해 그리스어 프톨레마이오스에 해당하는 것으로 알려진 부분이었다. 샹폴리옹은 그동안의 통설적 견해와는 달리 파라오의 이름을 알파벳처럼 소리로 읽어야 하며, 각각의 상형문자가 독립된 글자를 나타낸다고 생각했다.

이러한 방식으로 그는 카르투슈에서 이집트 상형문자의 알파벳 일부를 작성했다. 샹폴리옹은 다른 연구를 통해 좀 더 많은 알파벳 기호를 알아냈다. 마침내 그는 이집트 상형문자가 의미인 동시에 소리를 나타낸다는 사실을 밝혀냈으며 이에 따라 상형문자의 문법체계를 정리한 연구결과를 발표했다. 그것은 1822년의 일이다. 그의 말을 들어보자.

클레오파트라를 나타내는 상형문자군의 두 번째, 네 번째, 다섯 번째
기호가 프톨레마이오스를 나타내는 기호군의 네 번째, 세 번째, 첫 번째

기호와 일치한다는 것이 확실하다. 이들이 상형문자를 푸는 열쇠이며 또한 고대 이집트의 잠긴 문을 모두 열 수 있는 열쇠인 것이다. 153쪽

샹폴리옹 덕분에 오늘날 우리는 지난 1,500년간 잊힌 글자, 이집트 상형문자를 알 수 있게 되었다. 나일 강가에서 발견되는 수많은 상형문자가 낱낱이 해독되었고, 이로 인해 나일 문명의 역사는 확연하게 인식될 수 있게 되었다. 드디어 오랜 세월 닫혀 있었던 고대 나일 문명의 관문이 열린 것이다.

여러분도 상형문자 읽기에 며칠만 투자해보라. 이집트 여행을 하면서 각종 상형문자를 스스로 읽을 수 있을 터이니. 이것이 불가능하다고? 아니다. 그것은 충분히 가능한 것이다. 내가 직접 경험한 사실이다.

투탕카멘 아내의 꽃다발에 담긴 슬픈 사연

나는 이번 방학 기간 중 나일 문명기행을 했다. 나일 강을 따라 이집트 나일 강의 최상류에 있는 아부심벨 신전부터 나일 강의 하구인 알렉산드리아까지 나일 문명의 정수를 눈으로 직접 확인했다. 이 여행기간 중 나를 안내한 최고의 안내서도 바로 이 책이었다. 나일 문명에 관한 많은 안내서도 함께 가지고 가 여행 도중 하나하나 읽어보았지만 역시 세람의 『낭만적인 고고학 산책』을 따를 책은 없었다.

여행 도중 가장 감격적인 순간은 카이로에 있는 국립박물관에서였다. 그곳 2층은 1922년 하워드 카터가 발굴한 투탕카멘의 묘에서 발굴

카이로 국립박물관의 아이콘, 투탕카멘의 마스크

한 유물로 도배된 곳이다. 그동안 말로만 들었던 투탕카멘의 황금 마스크도 보았고, 그가 앉았던 황금 의자도 보았다. 매 순간 흥분의 연속이었다. 그러나 나를 가장 매료시킨 유물은 다른 것이 아닌 박물관 한 켠에 아무런 설명도 없이 진열장 안에 놓여 있던 불에 까맣게 그을린 듯한 꽃다발이었다.

관광객 누구도 그 진열장 안의 꽃다발을 아는 이가 없는 것 같았다. 바로 그것이 투탕카멘의 어린 왕비가 일찍 세상을 뜬 남편에게 준 마지막 선물인 것을. 이러한 감동은 바로 이 책에서 묘사된 다음과 같은 부분에서 비롯되었다. 하워드 카터가 투탕카멘 묘를 발굴하고 마침내 투탕카멘의 미라를 개봉하는 날을 묘사한 부분이다.

…… 그러나 우리의 순수한 마음을 가장 깊게 감동시킨 것은 (투탕카멘) 초상의 이마 근처에 놓인 한 묶음의 화환이었다. 그것은 청상과부가 된 나이 어린 왕비가 남편에게 바치는 마지막 작별의 선물이었던 것이다. …… 그 화환은 3천 년의 세월이 진실로 얼마나 짧은 순간인가를 가르쳐주고 있었다. 265쪽

그렇다. 그 까만 꽃다발은 3,000년의 시간을 보내고 내 앞에 놓인 투탕카멘 아내의 화환이다. 그 긴 세월을 거쳐 현대인, 그것도 투탕카멘 시절 전혀 그 존재도 알 수 없는 코리아에서 온 한 사람의 눈앞에 놓여 있는 꽃다발, 어찌 이런 일이 일어날 수가 있을까. 이런 사실에 전율하지 않을 사람이 있을까. 만일 세람의 이 책이 없었다면 느낄 수 없는 감동이었다.

돌 하나에도 감동하는 사람들이 많았으면

나는 이 책을 읽으면서 문화의식은 과거에 대한 감동을 통해 이루어진다는 생각을 가졌다. 과거를 여행하면서 발견하는 조그만 돌 하나에도 수많은 의미가 있다고 생각하는 사람들이 많아져야 한다. 그럴 때 우리 사회도 많은 문화유적이 보존되어 과거와 현재 그리고 미래가 공

존하게 된다. 우리는 시간을 여행하는 여행자다. 현재가 중요하지만 그 현재는 과거가 있었기에 존재하고 미래는 오늘이 있기에 존재한다.

미국이나 유럽의 박물관이나 미술관을 가면 어린 꼬마들이 득실거린다. 문화는 이렇게 어릴 때부터 자연스럽게 배워야 한다. 이래야 자신도 모르는 사이에 문화 유전자가 생겨 그 문화가 후대에게 전승되는 것이고, 거기에서 문화시민이, 문화국가가 탄생하는 것이다. 온갖 문화 시설이 몰려 있다는 서울조차도 박물관과 도서관은 실생활에서 너무 멀다. 이런 환경에서 문화 유전자는 생기지 않는다.

사실 서울 한복판의 서울시청 자리에는 시민을 압도하는 청사가 있어야 할 공간이 아니라 박물관이나 도서관이 들어서야 한다. 그래서 모든 시민이 오다가다 들릴 수 있는 문화 공간으로 사용할 때 우리의 문화적 의식이 성장하는 것이다.

나는 우리의 젊은이들이 문화적 소양을 갖길 바란다. 이 소양은 전문가들의 전유물이 아니다. 세람도 고고학 전문가가 아니었다. 언론인 출신이었지만 고고학에 관심을 갖고 인류의 찬란한 문명을 젊은이에게 전하기 위해 펜을 들었다. 그렇지만 그의 글은 어느 고고학 전문가의 글보다 반향이 컸다. 세계의 젊은이에게 인류 문명사에 관심을 갖게 했고, 인류 문화유적 보호의 필요성을 느끼게 했다.

우리에게도 세람과 같은 사람이 많이 나와야 한다. 그래야 우리 사회도 한 단계 올라간다. 무조건 개발하고, 높이 올려 세계 제일 운운하는 그런 유치한 발상은 이제 졸업할 때가 왔다. 이제 우리도 땅 속에서 발견되는 돌 하나에도 고대인들의 손길을 느끼며 감동하고 그들과 대화할 수 있으면 좋겠다. 주말이면 주변의 박물관을 찾아 우리 선현들의 발자취를 더듬으며 과거와 현대를 음미하는 그런 사람들이 많았으면 좋겠다. 이게, 나만의 바람인가. 아니다. 문화를 사랑하는 우리 모두의 바람이다. 나는 그렇게 될 수 있으리라 굳게 믿는다.

C. W. 세람은 누구인가

세람(C. W. Ceram)은 필명으로 본명은 쿠르트 마레크(Kurt W. Marek)다. 1915년 베를린에서 출생하여 1972년 함부르크에서 사망했다. 그는 언론인이자 작가로 사실 고고학을 전공한 사람은 아니었다. 그럼에도 그의 명성은 고고학에서 왔다. 그는 언론인 출신답게 유려한 필치로 고대문명의 역사적 현장으로 독자들을 안내했다. 그의 대표작 『낭만적인 고고학 산책』(1949)의 원제목은 『제신과 무덤과 학자들(Götter, Gröber und Gelehte)』이다. 이 책의 서술방법은 딱딱한 고고학 전문서적에서 볼 수 없는 세람의 독창적인 것이다. 마치 독자로 하여금 고고학의 숲속을 걷는 것과 같은 생각을 갖기에 충분할 정도로 쉽고 낭만적이다. 그래서 번역자는 원제와 다른 제목을 붙인 모양이다.

이 책은 5부로 구성되었는데 주된 내용은 제1부에서 제4부까지다. 제1부는 유럽권의 고고학 발견을 다루었다. 폼페이, 트로이, 미케네, 크레타가 그 대상이다. 제2부는 이집트의 나일 문명을 다루었다. 상형문자의 비밀의 문을 연 샹폴리옹을 비롯한 이집트 고대문명의 위대한 발굴자들의 기념비적 발굴을 다루었다. 제3부는 메소포타미아 문명과 관련된 고고학 발굴을 다루었다. 그로테펜트의 설형문자 해독과 롤린슨의 네부카드네자르의 점토판 사전 등이 다루어진다. 제4부는 대서양을 넘어 미주대륙에서 발견된 아스텍, 마야 문명을 다룬다. 버려진 마야 도시들의 비밀들이 위대한 발견자들의 손에 의해 하나씩 베일이 벗겨진다.

제 *12*강

공감과 엔트로피의 패러독스를 넘어

Jeremy Rifkin

제러미 리프킨은 이 시대에 사상의 은사이다. 그는 미래학자이자 과학문명사가이다. 그는 일찍이 물리학의 열역학 개념인 엔트로피를 인류 문명사에 적용했다. 그는 이 개념을 수십 년간 발전시켜오면서 그 유명한 '종말' 시리즈를 써왔다. 제12강은 리프킨의 최신작 『공감의 시대』를 소개하면서 그가 말하는 엔트로피와 공감의 패러독스를 이야기한다. 인류 역사가 공감의 역사라고 한다면 그 역사는 어찌하여 엔트로피를 증대시켜왔던가. 인류는 공감을 증대시키면서도 에너지 문제를 해결할 수 있을 것인가. 이 강의에서는 그 가능성을 살펴본다.

엔트로피를 넘어 공감의 시대는 가능한가

제러미 리프킨의 『공감의 시대』로 읽는 공감의 역사

제러미 리프킨과의 만남

내가 제러미 리프킨을 만난 것은 그리 오래 전 일이 아니다. 3년 전 우연한 기회에 리프킨의 『엔트로피』(이창희 옮김)를 읽게 되었다. 그 책은 내게 크나큰 충격을 주었다. 내가 그토록 오랫동안 생각해온 문제가 깔끔하게 정리되는 느낌, 바로 그것이었다. 내 좌우명과 깊이 연결되는 내용을 담았기 때문이었다.

평소 누군가가 내게 좌우명이 무엇이냐 물으면, 나는 곧잘 '생각은 깊게, 생활은 검소하게(think globally, act locally)'라는 에머슨의 말을 인용해왔다. 어떤 말보다 이 명구는 내 삶의 지향점을 압축적으로 표현한 말이다. 그러나 내가 리프킨을 만날 때까지 그 좌우명은 그저 좋은 사고방식에 불과했다. 그 이상은 아니었다.

그런데 리프킨의 엔트로피는 나의 좌우명에 이념과 철학을 불러 넣어주었다. 그 뒤 나는 리프킨의 다른 책을 탐독해왔다. '종말' 시리즈

라고 불리는 책들(『소유의 종말』, 『노동의 종말』, 『육식의 종말』)을 읽었고,
작년에는 노무현 대통령이 언젠가 나도 이런 책을 써보고 싶다고 했던
『유러피언 드림』(이원기 옮김)을 읽었다.

이러한 책들은 내게 자동차 문화보다는 도보 문화가, 과도한 육식
문화보다는 채식 문화가 우리가 가야 할 방향임을 알려주었다. 내 주변
의 지인들에게도 큰 영향을 끼쳤다. 연전에 민변 회장인 김선수 변호사
에게 어떻게 해서 채식주의자가 되었느냐고 물어보았다. 그의 대답 중
에 리프킨의 『육식의 종말』(신현승 옮김)이 나왔다. 이렇게 리프킨은 나
와 나의 지인들의 삶의 태도를 바꾸는 데 영향을 주었다.

리프킨, 『공감의 시대』로 돌아오다

2010년 제러미 리프킨이 또 다시 사고를 쳤다. 몇 년의 공백 기간을
갖더니 드디어 대작을 출판한 것이다. 리프킨의 신작 『공감의 시대』(이

경남 옮김)가 출간된 것이다. 800쪽이 넘는 대작이다.

이 책은 한마디로 리프킨 저술 작업 40년의 종합판이다. 그가 쓴 이 야기가 다시 한 번 요약되고 심리학, 정신분석학, 역사, 철학, 과학기술 등 모든 영역을 종횡무진 넘나들며 공감과 엔트로피의 역설을 이야기 한다. 그러나 읽기가 쉽지 않다. 쪽수도 부담스럽지만 하나하나 곱씹으 면서 생각할 부분이 너무 많다.

그러나 많은 사람들이 이 책에 도전하고 싶어 한다. 비록 리프킨의 저작을 다 읽어볼 수는 없지만 그가 말하는 핵심을 이해하고 싶어 한 다. 나도 그랬다. 2010년 10월, 나는 이 책을 일주일 동안 치열하게 읽 었다. 밑줄을 치고, 전작을 찾아 읽어보면서 말이다. 이런 나에게 주변 사람들이 말한다. 그렇게 읽었으니 한 번 봉사를 하라고. 이름하여 『공 감의 시대』 길라잡이를 만들라는 것이다. 이에 자신은 없지만 도전해 보고자 한다. 나의 이 안내가 독자들에게 리프킨의 새로운 대작을 이해 하는 데 도움이 된다면 얼마나 좋을까.

이 책의 내용을 한마디로 표현한다면

이 책을 한마디로 압축한다면 무엇일까. 그의 표현대로 ‘공감을 통 한 문명사의 새로운 해석’이라고 할 수 있다. 그렇다. 리프킨은 우리 인 류의 문명사를 그가 발견한 ‘공감’이란 잣대로 재면서 우리 인류가 어 떻게 공감을 발견해왔는지, 그것이 어떻게 역사를 바꾸어왔는지를 설 명한다.

인류는 공감이라는 감정을 발견하면서 성장하고 또 그것으로 불행을 맛보았다. 그리고 지금 우리는 그 성장과 불행의 최정점을 향해 달려가고 있다. 이것을 어떻게 분석해낼까, 우리는 이 위기를 어떻게 해결해낼까, 그것이 바로 이 책이 다루고자 하는 것이다.

『공감의 시대』는 어떻게 구성되었는가

이 책은 크게 세 부분으로 나누어졌다. 제1부(호모 엠파티쿠스)는 인간의 본성이 공감적 존재(호모 엠파티쿠스)라는 것을 증명한다. 이를 위해 리프킨은 인간 공감능력에 대해 다각적으로 분석한다. 철학을 동원하고, 심리학, 정신분석학, 심지어는 생물학적 관점을 동원한다.

제2부(공감과 문명)는 공감이라는 틀로 인류 문명사를 서술한다. 원시시대부터 현대에 이르기까지 인류는 공감을 어떻게 발견하고 인류문명을 발전시켜왔는지를 본다. 여기에서는 공감의 역사가 곧 문명의 역사이고 그것은 묘하게 역설의 관계에 있다는 것이 예증된다.

제3부(공감의 시대)는 이 책의 결론에 해당한다. 우리가 사는 지금 이 시대를 공감과 엔트로피의 역설이 가장 극명하게 노정된 시기로 볼 때 우리는 도대체 무엇을 어떻게 해야 할 것인가. 지구는 위기를 극복하지 못하고 결국 망하고 말 것인가 아니면 우리는 또 다른 공감의 지혜를 통해 이 위기를 극복할 수 있을 것인가.

공감이란 무엇인가

이제 이 책을 본격적으로 안내하기에 앞서 공감이라는 말부터 이야기해보자. 공감이라는 용어는 1872년 로베르트 피셔가 미학에서 사용한 독일어 einfühlung(감정이입)에서 유래되었다고 한다. 19세기 후반 독일의 철학자 빌헬름 딜타이는 이 미학용어를 빌려와 정신과정을 설명하는 데 사용했다. 그에 있어 이 용어는 다른 사람의 입장이 되어 그들이 어떻게 느끼고 생각하는지 이해하는 것을 의미했다.

이 용어가 오늘날 공감이라는 의미로 번역되는 empathy로 영어권에 소개되는 것은 1909년 E. B. 티치너에 의해서이다. 이렇게 해서 영어권으로 번역된 '공감'은 "다른 사람이 겪는 고통의 정서적 상태로 들어가 그들의 고통을 자신의 고통인 것처럼 느끼는 것"으로 이해된다.

그러나 고통만을 공감하는 것이 아니라 기쁨도 공감하므로 혹자는 공감을 "다른 사람의 곤경 또는 기쁨에 대한 총체적 반응으로 인식하는 경향"으로 설명하기도 한다. 공감은 우리가 일반적으로 사람과 사람 사이에서 말하는 유대감이기도 하다. 인간을 사회적 동물이라고 하는 것은 무슨 의미일까. 그것은 인간이 본능적으로 상호 유대감을 추구하고 그것을 확장해간다는 의미가 아닐까.

엔트로피란 무엇인가

이 책 여기저기에 나오는 엔트로피, 이 물리학 용어를 잘 이해하지

못하면 이 책을 읽어내기가 어렵
다. 그러니 이것을 일단 정리하는
것이 책을 깊이 있게 이해하는 지
름길이다. 엔트로피는 열역학 제2
법칙으로 리프킨은 30대에 『엔트
로피』라는 저작을 발표하고 평생
이 엔트로피 사상에 근거한 사유
체계를 발전시켜왔다.

엔트로피를 순수 열역학적 개
념으로 설명하면 물리학에 정통
하지 않고서는 쉽게 이해하기 어
려운 개념이다. 그러나 리프킨이 사회과학적으로 변환한 개념은 그리
어렵지 않다. 우주의 에너지 총량은 일정하지만(이를 '에너지 불변의 법
칙', 열역학 제1법칙이라 한다) 엔트로피 총량은 계속 증가한다. 이것을 달
리 말하면 우주의 에너지는 늘 일정하지만 그 형태는 끊임없이 바뀌며
한 번 바뀐 에너지는 일방적이어 다시는 환원되지 않는다는 것이다.

따라서 엔트로피는 '사용 가능한 에너지의 손실을 나타내는 물리량'
이라고 할 수 있고 이를 달리 말하면 '사용 불가능한 에너지의 물리량'
이라고도 할 수 있다. 그러니 엔트로피가 증가한다고 한다면 그것은 사
용 가능한 에너지가 사라진다는 것을 의미한다. 자동차를 운전하는 것
도, 비행기를 타는 것도, 음식을 먹는 것도, 우리가 에너지를 사용하여
움직이는 모든 것이 엔트로피적 관점에서 보면 엔트로피의 증가이고,
이것을 물리학적으로 보면 에너지는 한 번 변환하면 결코 원래의 상태

로 환원될 수 없다는 것이다.

한 번 달구어진 쇠 부지깽이는 식어서 열평형 상태가 되면 다시 불에 넣어 달구기 전에는 저절로 뜨거워질 수가 없는 것이 자연의 이치다. 바로 이것이 엔트로피가 증가한 현상이다. 나아가 우리가 일상적으로 말하는 '엎질러진 물은 다시 담을 수 없다'는 말은 엔트로피 법칙을 생활법칙으로 받아들였다는 증거이다.

이 책의 중심축은 무엇인가

이제 이 책 전편에 흐르는 중심 생각이 무엇인지 확인할 필요가 있다. 이것을 확실히 잡아야 이 책을 이해했다 할 수 있으리라. 리프킨은 책 이곳저곳에서 '공감-엔트로피의 역설'을 강조한다. 그렇다. 리프킨은 이 역설을 설명하기 위해, 그 역설이 가져온 인류의 위기를 해결하기 위해 이 책을 썼다.

그에 의하면 인류사는 공감의 역사이면서도 엔트로피의 역사이다. 즉, 인류는 긴 역사를 통해 다양한 사람들을 하나로 묶어 인간의 의식을 확장하고 공감적 감수성을 고조시켜왔다. 한마디로 인류 역사는 공감의 확장이다. 반면 이런 공감의식이 확산되면 확산될수록 지구의 에너지와 자원의 소비는 급증하여 지구의 위기를 초래했다.

오늘날 세계는 기후변화에 몸살을 앓고 있다. 그 원인이 무엇인가. 그것은 인류가 전 지구적으로 과학기술문명을 발전시켜오면서 수많은 탄산가스를 배출했기 때문이다. 바로 엔트로피를 급격하게 증가시켰기 때문이다. 인류는 공감을 확장시켜오면서 역으로 엔트로피를 증가시켜왔다는 것이다. 이것이야말로 역설이다. 리프킨은 인류의 역사에서 이것을 발견하고 그 심각성을 고발한다. 그리고 그것을 해결하는 것이야말로 인류사에서 가장 중요한 과제라고 역설한다.

우리 인간은 고립감을 극복하기 위해 끊임없이 다른 사람과의 유대감을 추구해왔다. 이것이 우리의 역사이다. 우리 인류의 여정은 단순한 사회에서 점점 복잡한 사회를 만들어왔다. 그것은 우리의 공감능력의 발현이었다. 우리의 공감이 확대되지 않고서는 그것이 불가능했다. 그런데 이러한 인류의 행동양식에는 크나큰 비용을 지불하지 않으면 안 되었다. 바로 엔트로피를 증가시킨 것이다. 그리고 이것은 전 인류의 위기로 다가왔다. 이것이 바로 공감-엔트로피의 역설의 관계이다.

이제 덤으로 위의 이야기를 우리가 사는 거대사회(거대도시사회)와 문명의 본질로 연결시켜보자. 이 연결을 통해서 공감-엔트로피의 역설은 보다 분명해지기 때문이다. 먼저 인간의 공감이 엔트로피를 극대화시키는 거대사회를 만들었다는 사실이다. 공감은 우리 각자가 다른 사람도 유한한 생명을 갖고 잘살아 보려고 발버둥치는 존재라는 사실을 인식하는 것이다.

이러한 인식은 인간으로 하여금 사회적 교류와 인프라를 만들게 했다. 사회생활이나 사회조직은 인간의 공감(능력)이 없으면 상상할 수 없다. 예를 들어보자. 만일 우리 사회가 모두 공감이 없는 사람들, 예컨대 자폐적 불구자들로만 구성되었다면 사회조직이 가능하겠는가. 옆 사람이 누군지 아무런 관심도 없는 사람들이 우리들의 진면목이라면 사회는 이루어지지 않았을 것이다. 이런 인식을 할 수 있다면 사회가 점점 커져 간다는 것은, 사회가 점점 복잡해져 간다는 것은 바로 공감의 확산으로 이해할 수 있을 것이다. 이로써 '공감의 확장＝문명의 발전'이라는 도식이 성립된다.

　다음으로 문명의 본질이다. 리프킨은 철저히 문명의 본질을 엔트로피라는 관점에서 본다. 이것은 리프킨만의 견해는 아니다. 조지 메커디는 문명의 본질을 통찰하면서 "에너지를 인간의 발전과 필요를 위해 활용할 수 있는 능력"으로 바라보았다. 레슬리 화이트 또한 비슷한 견해를 취한다. 그는 문화의 진화를 "개인이 1년에 이용하는 에너지의 양이 증가하거나 에너지를 일하게 만들 수 있는 도구적 수단의 효용성이 증가"라는 측면에서 관찰한다. 모두 리프킨과 동일한 입장을 취한다고 볼 수 있다.

　엔트로피적 입장에서 문명이란 바로 에너지를 많이 쓰는 것이다. 또한 고에너지를 쓸 수 있는 기술을 개발하는 것이다. 그것이 바로 문명의 본질이다. 위와 같은 설명이 이해가 간다면 리프킨이 말하는 공감-엔트로피의 역설의 결론은 쉽게 이해가 갈 것이다. 그것은 하나의 도식으로 성립이 된다.

　공감의 확산 → 새로운 에너지 및 커뮤니케이션의 혁명 → 엔트로피의 증가 → 지구의 위기

　공감의 확산은 새로운 에너지 및 커뮤니케이션의 혁명을 가져왔고 ― 이들의 관계는 선후의 관계는 아닐 것이다. 이 둘은 상호작용으로 일으키면서 발전한다 ― 그것은 결국 엔트로피의 증가를 가져왔으며 급기야 오늘날

의 전 지구적 위기를 불러일으키고 말았다는 것이다.

공감과 문명사

자, 이제 이 책의 각론에 해당하는 부분에 접근해보자. 제1부는 인간
이 과연 공감적 존재인지에 대한 철학적·심리학적·정신분석학적, 혹은
생물학적 접근을 하고 있다. 이 부분은 읽어보면 된다. 독서에 시간이
걸릴 뿐이지 리프킨의 입장을 이해하는 데 어려움이 있는 것은 아니다.

단지 이것만은 이해하자. 인간은 우리가 알아온 것보다는 훨씬 '공
감적 존재(호모 엠파티쿠스)'라는 사실을. 그것은 제대로 된 철학자라면,
제대로 된 과학자라면 인정할 수밖에 없다는 사실이다. 문제는 제2부
와 제3부이다. 우리는 어떻게 이곳에서 공감의 문명사를 읽어야 할까.
우리는 어떻게 공감-엔트로피의 역설에서 빚어진 지구의 위기를 해결
할 실마리를 찾아낼 것인가.

제2부에서 리프킨은 인류사를 공감의 역사로 보고 그것을 설명한다.
크게 다섯 시기(고대, 로마와 기독교, 중세 말, 근세, 포스트모던)로 나누어
설명하는데 이곳을 읽을 때 염두에 둘 것은 리프킨이 생각하는 문명사
가 왜 공감의 역사인가이다. 이 부분을 그냥 읽으면 단순한 역사적 기
술에 불과하다. 만일 그렇다면 꼭 이 부분의 역사를 알기 위해서 이 책
을 읽어야 할 이유는 없다. 따라서 특별히 리프킨이 다섯 시기를 공감
의 역사로 보는 이유를 알아야 한다.

리프킨은 역사를 공감의 진화과정으로 이해한다. 그런데 리프킨에

게는 이 진화과정이 엔트로피적 입장에서 보면 에너지-커뮤니케이션의 패러다임의 변화과정과 궤를 같이한다는 것이다. 즉, 공감의 역사는 에너지와 커뮤니케이션의 역사이기도 한 것이니 그 패러다임의 변화과정을 알아내는 것이 바로 공감의 역사가 된다.

여기에서 커뮤니케이션 부분을 조금 더 설명해보자. 리프킨은 에너지 제도의 변화는 그 흐름을 관리하는 소통방식에 영향을 주었다고 한다. 즉, 에너지 제도와 커뮤니케이션은 밀접한 관련을 맺으며 발전했고 이 속에서 인간의 공감은 진화하게 되었다는 것이다. 좀 더 부연하면 인간이 불을 발견하고 그것을 사용했다고 하는 것은 인간사회의 커뮤니케이션의 변화가 있었다는 것을 의미한다.

왜냐고? 불의 사용을 후대에게 전한다고 생각해보라. 사람들 간의 소통이 전제되지 않고서야 어떻게 그것이 가능하겠는가. 그러니 에너지 제도가 고도화되면 될수록 인간의 커뮤니케이션, 즉 소통방법도 고도화되어야 한다. 그것은 누구나 인정할 수밖에 없는 이치가 아닌가. 그리고 이렇게 사람들 간의 소통이 발달하면 문화는 자연스럽게 발달한다. 예를 들면 저 원시시대를 생각해보자. 그때는 문자가 없었다. 오로지 구두의 소통이 있었을 뿐이다.

이 때 인간사회에서 발견할 수 있는 인간의 의식은 주로 신화적 의식이다. 무리 중심의 사고이다. 토템적 사고는 인간이 문자를 발명하지 못했을 때 나올 수 있는 인간의식의 결과이다. 자, 이제 사람들이 문자를 발명했다고 생각하자. 이 때 나올 수 있는 것이 소위 경전문화이다. 비로소 인간사회에서 종교문명이 시작된다는 말이다. 문자로 전승되는 문화에서 인간의 종교적 의식은 보다 고도화되고 체계화된다. 이렇게 커뮤니케이션의 진화는 인간의식의 진화로 연결된다는 것이 리프킨이 설명하는 문명사에서 공감과 에너지 그리고 커뮤니케이션의 관계이다. 이런 시각을 갖고 공감의 역사(제2부)를 보면 어렵지 않게 리프킨의 사고를 이해할 수 있을 것이다.

이러한 설명방법을 토대로 공감의 역사에서 중요한 '자아의식'을 보자. 공감은 나와 타인의 구별이 전제되지 않으면 나올 수 없는 인간의식이기 때문이다. 그렇다면 자아의식은 어떻게 탄생했을까. 제6장 '고대의 신학적 사고'를 통해 리프킨의 설명을 들어보자. 자아의식은 공감 충동에서 비롯되는 것이니 구석기, 신석기 시대에서도 찾을 수 있을 것이다.

그러나 수렵생활을 통해 인간이 생존하던 시대는 공감의 여명기에 불과했다. 공감은 수렵생활에서 농경문화에 진입해서야 비로소 정상 단계에 돌입한다. 부모가 자식을 키우는 데서 공감이 발견된다고 볼 때 연중 이리저리 돌아다녀야만 하는 수렵생활보다는 농경생활(관개농업 사회)을 시작하여 정착문화가 만들어졌을 때 공감능력이 확대되었을 것은 쉽게 짐작할 수 있다.

이 과정에서 인간은 신화적 의식에서 신학적 의식으로 발전했다고 리프킨은 추정한다. 신화적 의식에서는 인간은 다른 동물과 자신을 구별하지 못했지만 관개문명이 등장하면서 인간은 자연의 힘을 자신의 지배 아래 놓기 시작했고 이런 가운데서 인간은 다신교, 급기야는 일신교 등의 종교를 만들고 신학적 의식을 갖게 되었다는 것이다.

신화적 의식에서는 인간은 집단으로서만 의미가 있다. 신은 인간 집단인 '우리'와 대화한다는 말이다. 그러나 신학적 의식에서는 인간은 비로소 개인적 의미를 갖게 된다. 신은 개인인 '나'와 대화한다. 이 이 야기는 십계명을 생각하면 된다. 십계명은 신과 나의 개인적 대화를 의미하지 신이 집단인 '우리'에 보내는 메시지가 아니다. 이렇게 해서 인간은 신학적 의식에서 '자아'를 발견하게 된다.

공감의 위기를 어떻게 해결할 것인가

제3부에서 리프킨은 현대의 세계를 공감의 관점에서 설명하고 거기에서 엔트로피의 위기를 발견한다. 그리고 이 위기를 어떻게 해결할 것인가를 고민한다. 이 부분은 사실 리프킨의 과거 저작과 깊은 관련이 있다. 때문에 이 부분은 그의 대표적 저작(『엔트로피』, 『소유의 종말』, 『노동의 종말』, 『육식의 종말』, 『수소혁명』, 『유로피안 드림』 등)의 연장선에서 이해하는 것이 필요하다.

리프킨은 우선 현대를 공감의 정상을 향해 달려가는 시기로 묘사한다. 산업혁명 이후 지난 200년은 공감이 세계적으로 확산된 시기였다. 코스모폴리타니즘이 과거 어느 때보다 왕성한 시기라고 할 수 있다. 또한 현대는 소위 호모 우르바누스(도시형 인간)가 탄생한 시기이기도 하다.

인류는 이제 대부분 도시에 살고 있다. 뿐만 아니라 사람들은 여행을 통해 세계 곳곳을 누빈다. 언어에 있어서도 세계어가 탄생하는 시점이다. 영어가 바로 그것이다. 가치관도 유사해지기 시작한다. 인권의식에서도 공감은 확대일로에 있다. 보편적 인권이 널리 받아들여진다는 말이다. 이런 것들이 바로 현대사회다. 그런데 우리는 이러한 지구촌 상황에서 엔트로피가 엄청나게 증가하고 있다는 사실을 목격한다. 공감적 감수성은 극대화되었는데 그와 동시에 엔트로피 수치도 극대화되었다는 사실이다. 바야흐로 전 지구의 위기가 찾아왔다.

또 하나 이 시대에서 발견할 수 있는 것은 공감적 가치는 극대화되었지만 그것이 선진국과 후진국 사이에 상당한 편차가 있다는 사실이다. 선진국에 사는 사람들은 엔트로피 증가에서 오는 지구적 위기감을 쉽게 느낀다. 그런데 후진국 사람들은 아직 그런 공감을 하기가 어렵다. 아직도 생존이 어렵고 선진국 수준의 문화를 향유하기에는 갈 길이 멀다.

그런데 선진국은 지구적 위기를 이야기하면서 후진국에게 엔트로피를 낮추라고 한다. 한마디로 지붕 꼭대기까지 올라가더니 뒤늦게 올라오는 사람들을 향해 올라온 사다리를 걷어차는 형국이다. 여기에서 현대의 엔트로피 위기를 해결하는 것이 만만치 않음을 알 수 있다. 과연 어떻게 이 문제를 해결할 것인가.

리프킨, 엔트로피의 위기 대처방안을 내놓다

엔트로피 위기를 타개하기 위한 리프킨의 해결책은 망라적이다. 주로 과거 자신의 주요 저작에서 이야기했던 것이 다시 반복된다. 그래서 이 책을 리프킨 저작의 종합판이라고 하는 모양이다.

몇 가지만 열거해보자. 분산자본주의(분산적이고 협업적인 글로벌 경제), 제3차 산업혁명(재생가능한 에너지 시대로 전환하는 새로운 에너지 혁

명), 소유에서 접속으로의 전환(특
히 지적재산권의 비재산화), 유로피
안 드림으로의 전환(사회 전체의 삶
의 질 증진), 민간 차원의 공동체 참
여(NGO의 역할 증대), 생물권 인식
(예, 지구를 자체 조절기능이 있는 하
나의 유기체로 보는 가이아 이론 등)
등이다. 이미 그가 『노동의 종말』,
『소유의 종말』, 『수소혁명』, 『유
로피언 드림』 등에서 이야기했던
말들이다. 그러니 여기에서 장황

하게 설명할 필요는 없다. 중요한 것은 이들 해결책들의 본질을 이해하
는 것이다.

내게는 위와 같은 해결방안은 또 다른 차원의 공감영역으로 보인다.
리프킨은 여기에서 명확하게 말하지는 않지만 이들 방안은 엔트로피
위기를 대하는 우리들 모두의 공감능력에서 나오는 해결책이다. 따라
서 리프킨이 설명한 공감의 역사에서 발견된 공감의 내용과 위의 공감
은 차원을 달리하는 공감이라고 할 수 있다. 결국 리프킨은 이 책의 핵
심주제인 공감과 엔트로피의 역설을 새로운 차원의 공감능력으로 해
결하자는 주장을 펴고 있는 것이다.

'공감'하지 않는 사람에겐 '엔트로피'뿐

이제 책장을 덮으면서 조금 삐딱한 자세로 이 책을 바라보자. 과연 이 책은 리프킨의 최고작이라 할 수 있는가. 비록 대작임이 분명하고, 지식과 교양의 대가답게 종횡무진의 지적 향연을 벌이는 리프킨에 대해 찬사를 보내지만 과연 이 책이 그가 그동안 써온 그 많은 문제작을 뛰어 넘는다고 할 수 있을까.

이 책은 리프킨이 그동안 말해온 엔트로피라는 과학적 세계관에 공감이라는 감성적 세계관을 덧붙인 것이다. 엔트로피적 세계관은 어쩌면 비관적이다. 종말을 예언하는 것이나 다르지 않다. 리프킨이 이젠 그 말을 하는 데 조금은 지친 모양이다. 무엇인가 전환점이 필요했던 모양이다. 그 시점에서 그는 과학과는 조금은 먼 감성, '공감'을 선택하여 엔트로피적 세계관에 희망을 선사했다. 이 책의 의미가 있다면 그것이다.

그러나 공감은 기본적으로 감성인지라 공감하지 않는 사람들도 있게 마련이다. 그들이 보기에는 세상만사는 '공감'으로 해결할 수 없다는 사실에도 '공감'한다. 그렇게 보면 이 책이 보여준 공감의 축은 리프킨의 감성이지 독자의 감성이 아닐 수 있다. 그렇다면 여전히 남는 것은 리프킨이 종래 말해온 '엔트로피'라는 과학뿐이다.

제러미 리프킨은 누구인가

 제러미 리프킨(Jeremy Rifkin)은 1945년 미
국 콜로라도 덴버에서 태어났다. 펜실베이니
아 왓슨 스쿨에서 경제학을 전공했으며 터프
트 대학의 플레처 스쿨에서 국제관계학으로
석사학위를 받았다. 젊을 때부터 그는 평화운
동의 열렬한 운동가였고 베트남 전쟁 시절에
는 반전 운동에도 가담했다. 1977년에 워싱
턴 D.C. 근처 베데스타에 테드 하워드와 함
께 경제동향재단(Foundation on Economic
Trends)을 설립하여 환경, 경제, 생명과학 등과 관련된 국내의 공공정책 분야에서 활발
하게 활동하고 있다. 1994년 이후 그는 왓슨 스쿨에서 기업 경영자들을 위해 과학과 기
술에 관한 새로운 동향을 강의하고 있다.

리프킨은 지난 30여 년 동안 유럽의 공공정책에 대해 연구해왔고, 그 결과 오랫동안
유럽의회와 유럽연합 집행위원회 등에 자문을 해왔다. 또한 유럽의 여러 나라의 최고지
도자에게도 환경, 과학, 기술 등의 공공정책에 관해 지속적으로 자문을 해오고 있다.

그는 또한 다수의 저작을 발표하여 세계 공공정책에 상당한 영향력을 행사해왔다.
그중에서 그의 이름을 세계적으로 알린 최초의 저서는 『엔트로피』(1980)이며 그 외에
도 종말 시리즈로 알려진 『육식의 종말』(1992), 『노동의 종말』(1995), 『소유의 종말』
(2000) 등이 있다. 특히 2004년에 쓴 『유러피언 드림』은 고 노무현 대통령이 자신도
이와 같은 책을 쓰고 싶다고 말한 책으로 세계의 흐름이 미국을 중심으로 한 아메리칸
드림에서 유럽을 중심으로 한 유러피언 드림으로 바뀌어가고 있음을 보여준 역작이다.

제 *13* 강

기계적 세계관을 넘어
신과학으로

Fritjof Capra

우리 시대의 과학은 철학이 존재하는가. 과학 없는 철학은 불가지론으로 빠지고, 철학 없는 과학은 과학만능으로 빠질 수밖에 없다. 그런 면에서 우리 시대의 과학은 매우 위험하다. 오늘날 현대인은 거대한 것을 추구하면서 만들고, 확장하고 그리고 부순다. 이러한 사고의 기저는 근대 과학문명의 근저에 깔려 있는 기계적 세계관이다. 제13강에서는 그 실체를 알아보고 새로운 시대에 맞는, 새로운 과학운동을 알아본다. 이름하여 신과학운동이다.

데카르트-뉴턴 세계관이 이끈 4대강 사업의 만용

프리초프 카프라가 말하는
시스템적 패러다임이 필요한 대한민국

과학을 알아야 하는 이유, 과학에 철학이 있어야 하는 이유

나처럼 인문사회계열에서 공부해온 사람들은 과학과 담을 쌓고 산다. 학문이 워낙 전문화되다보니 다른 학문에 관심을 갖는다는 자체가 만용에 가깝고 더군다나 수학적 지식이 필요한 자연과학의 경우는 더더욱 넘볼 수 없는 영역이라고 생각하기 때문이다. 그렇다보니 지적 호기심이 유별난 사람이 아니면 자기 전공을 넘어 자연과학에 관심을 갖는다는 것은 이례적 현상으로 받아들이는 분위기다. 나도 그래왔다. 오랜 세월 동안 나는 내 전공인 법학의 테두리 내에서만 공부해왔다.

그런데 나이 오십에 다가서면서 생각이 달라지기 시작했다. 내가 공부하는 이 법학도 자연과학과 무관하지 않다는 깨달음이 왔다. 과학기술의 발전이 내가 공부해온 법학에도 꽤 큰 영향을 주었다는 것이다. 법학의 물적 토대로 과학을 발견한 것이다.

산업혁명은 과학기술 차원에서만 변화를 일으킨 것이 아니다. 이 혁명은 우리의 모든 관념을 바꾸어놓았다. 과학기술의 발달은 우리가 가지고 있던 사상과 이념 그리고 가치체계를 흔들어놓았고 급기야 삶의 구체적 모습을 결정하는 제도(법)까지 바꾸어버렸다. 그러니 인간의 관념체계는 그 시대의 과학기술을 모르고서야 논할 수가 없다. 이것이 바로 우리가 과학을 알아야 할 이유이다. 과학에 대한 이해는 분명 우리 각자가 공부해온 전공분야를 보다 구체적으로 이해하는 데 큰 도움을 줄 것이라 믿는다.

그런데 우리나라의 자연과학을 살펴보면 유감스럽게도 철학이 결여되어 있다는 것을 발견한다. 우리의 과학도는 과학을 과학으로만 이해하지 도통 과학이 갖는 철학적인 측면은 도외시한다. 내가 말하는 철학은 뭐 그리 고답적인 것이 아니다. 인간과 자연을 조화롭게 보는 관점을 말한다. 과학에 철학이 배제되면 인간과 자연은 적대적 관계에 돌입할 수밖에 없다. 인간은 자연을 지배하여 황폐화할 것이고, 결국 자연은 인간에게 재앙으로 대응한다. 나는 이것이 인간과 자연 사이에 변함없는 법칙이라 믿는다.

4대강, 강산개조론의 세계관은 어디서 왔는가

과학이 제대로 된 철학을 만나지 못할 때 우리는 그것을 과학기술 만능주의라 부른다. 나는 그 대표적 예가 이명박 정부의 4대강 사업이라 생각한다. 지금 전국의 강은 개발의 중병을 앓고 있다. 많은 국민이,

종교계가 그렇게 사업의 무모함을 지적하지만 정부는 마이동풍이다. 그러면서 정부는 우리 과학기술을 믿으라고 한다. 이 사업은 과학적으로 안전한 것이고 절대로 환경을 파괴하는 것이 아니란다. 그 개발은 분명 우리에게 풍요를 가져다줄 것이라고 국민을 설득한다. 여기에 강산개조론의 꿈을 이야기한다. 지하에 계신 도산 안창호 선생마저 지원군으로 차출된 느낌이다. 바야흐로 과학기술 만능주의가 판을 치며 강산을 어지럽힌다. 그런데 이 판에 춤추는 이들은 과학과 기술로 먹고 사는 사람들이다. 이들은 나름대로 4대강 사업에 신념을 가지고 있는 듯하다. 무릇 세상의 모든 주의나 신념은 알게 모르게 그것을 지지하는 철학적 기반이 존재하기 마련이다. 그렇다면 4대강 사업을 밀어붙이는 이 과학기술 만능주의는 도대체 어디에서 나왔을까. 그 철학적 세계관이 궁금하지 않은가.

프리초프 카프라, 신과학운동에 불을 지피다

프리초프 카프라가 쓴 『새로운 과학과 문명의 전환』(구윤서·이성범 옮김)은 바로 이 문제에 대한 답을 줄 수 있는 책이다. 카프라는 이 과학기술 만능주의의 연원을 16~17세기 데카르트의 철학과 뉴턴의 근대 물리학에서 발견한다. 카프라는 이 시기에 탄생한 철학적 패러다임에 기계론적 세계관 혹은 데카르트-뉴턴적 세계관이라는 이름을 붙이고 이것이 오늘에 이르기까지 우리 삶을 지배해왔다고 주장한다.

그는 이 책을 통해 그러한 패러다임이 가져온 인류사적 문제점을 설명하면서 새로운 패러다임으로의 전환을 촉구한다. 그러지 않으면 인류는 크나큰 재앙에 직면할 거라는 것이다. 이 책은 1982년에 출판되었는데 1970년대에 시작된 신과학운동의 이론적 근거를 집대성한 것으로 평가되고 있다. 구미에서 퍼지고 있는 신생활운동이나 녹색운동 나아가 생태보호운동의 이론적 기반이 되었던 것이다.

『새로운 과학과 문명의 전환』은 어떻게 구성되었는가

이 책은 전체 4부 12장으로 이루어져 있다. 제1부는 카프라가 이 책의 전체 주제를 개괄적으로 설명하는 장이다.

제2부는 소위 데카르트-뉴턴적 세계관의 발전 역사를 서술하고 이 세계관이 현대 물리학에서 극적 전환을 맞이했다는 것을 설명한다.

제3부는 데카르트-뉴턴적 세계관이 생물학, 의학, 심리학 및 경제학에 미친 막대한 영향을 설명한다. 여기에서 카프라는 데카르트-뉴턴적 세계관과 그 근저에 있는 가치체계의 한계가 우리 개인 및 사회의 건전성에 얼마나 심각한 영향을 끼쳤는지를 비판적으로 검토한다.

제4부는 카프라의 새로운 비전이 설명된다. 이 새로운 비전에는 생명과 마음 그리고 의식과 진화에 대한 새로이 대두하는 시스템적 견해가 담겨 있다. 여기에는 건강과 치유에 대한 전일적 접근, 경제 및 기술에 대한 새로운 개념 구조 그리고 생태학적이며 여성적 태도로 앞을 내다보는 전망 등이 포함된다.

기계론적 세계관, 인간을 우주의 지배자로 만들다

16~17세기는 서구사회에서 과학혁명의 시기다. 이 시기는 중세의 잠에서 깬 인간의 이성이 과학이란 영역에서 맹렬히 기세를 올리기 시작한 때이다. 그 시작은 16세기 초 코페르니쿠스에 의한 지동설이 문을 열었고 이어서 케플러는 천체 도표의 연구를 통해 위성운동의 법칙을 발견한다. 그를 이어 갈릴레이는 새로 발명된 망원경을 통해 천체를 관찰하고 낡은 천문학을 여지없이 파기해버린다. 그는 코페르니쿠스의 가설을 과학적 이론으로, 그것도 수학적 용어로 표시하여 정립했다. 그로 인해 갈릴레이는 과학적 실험법을 사용한 최초의 학자로서 근대 과학의 아버지로 불리게 된다. 비슷한 시기에 영국에서는 베이컨이 나타나 귀납적 방법론을 주장하며 과학적 사고에 불을 붙인다. 베이컨은 하나의 과학적 방법론을 제시한 것 이상으로 '베이컨 정신'을 만들어낸다. 그것은 명료한 과학적 증명이 없는 어떤 사상도 폐기되어야 한다는 것이다.

이러한 베이컨 정신은 데카르트에 의해 철학적으로 완성된다. 데카르트 철학의 핵심은 '나는 생각한다, 고로 존재한다(cogito, ergo sum)'라는 말에 숨어 있다. 이것은 과학적 지식에 대한 확신을 표현한 말이다. 모든 학문에서 오류를 가려내는 것이 학문의 임무라는 것이다. 단순히 가능성을 가진 모든 지식을 배척하며 완전히 알려지고 아무런 의심도 있을 수 없는 것만을 믿어야 한다는 것이다. 한마디로 과학절대주의다. 또한 그는 영혼(정신)과 육체(물질)를 철저히 구분한다. 이렇게 함으로써 물질은 인간의 대상이 되었고, 영혼 없는 기계가 되어버렸다. 카프라는 이런 데카르트의 정신·물질 이원론을 이렇게 말한다.

데카르트에게는 물질세계는 하나의 기계이었으며 그 이상의 아무것도 아니었다. 물질에는 목적, 생명 또는 정신이란 존재하지 않는 것이었다. 자연은 기계적 법칙에 따라 움직이며, 물질세계의 모든 것은 각 부분의 배열과 운동으로 설명 가능한 것이었다. 76쪽

기계론적 세계관의 과학적 완성자는 뉴턴이다. 그는 스스로 미분법을 고안한 천재적 수학자로서 케플러의 위성운동법칙과 갈릴레이의 낙하법칙을 결합하여 돌에서부터 위성에 이르는 태양계의 모든 물체를 지배하는 일반운동법칙을 공식화했다. 그럼으로써 '인류사에서 한 개인이 성취할 수 있는 가장 위대한 과학적 진전'이라는 찬사는 뉴턴에게 돌아갔다. 뉴턴의 과학사적 기여는 자연철학을 완벽하게 수학적 원리로 표현했다는 점이다. 그는 베이컨의 귀납법과 데카르트의 연역법을 통합함으로써 기계론적 세계관의 결정판을 만들었다.

뉴턴에 의한 기계론적 세계관의 완성은 인간이 만든 과학이 자연에 대한 지배자로 등극했음을 의미한다. 이제 과학의 목적은 자연의 지배와 조종이며, 인간은 과학적 지식으로 자연의 주인이자 소유자가 되었다. 이게 바로 기계론적 세계관의 결론이다.

기계론적 세계관이 가져다준 영향

이렇게 형성된 데카르트-뉴턴적 세계관, 곧 기계론적 세계관은 16~17세기를 넘어 오늘날까지 세계를 지배하는 거대한 패러다임이 되었

다. 이 패러다임이 가져다준 결정적 영향은 환원주의라는 용어로 정리할 수 있다. 이것은 기계론적 세계관이 우주를 분리된 객체로 구성된 기계 조직으로 보는 데서 시작된다. 분리된 객체는 다시 기본적인 구성체로 환원되며 이들 구성체의 성질과 상호작용이 모든 자연현상을 결정한다는 우주관으로 유도된다. 부분의 집합이 전체라는 시각이다.

인간이란 육체를 생각해보자. 기계론적 세계관에서는 인간의 육체도 생명기계에 불과하다. 따라서 육체는 여러 개의 생명기관이 결합된 전체이다. 현대의 종합병원에 수많은 전문과목이 있는 과학적 근거는 여기에서 출발한다. 인간의 육체는 수많은 부분으로 갈기갈기 찢겨 전문적으로 분석되고 이것들은 기계부품을 맞추듯 종합된다. 종합병원은 바로 이런 일을 수행하는 기관이 아닌가.

뿐만이 아니다. 기계론적 세계관은 환원주의의 칼날은 인간생명체를 오로지 유전자의 작용에 의해서 결정되는 존재로 만들어버렸다. 유전자, 곧 DNA는 '유전의 원자'로서 생명체의 기본단위를 형성하는 것이고 그 생물학적 특질의 합이 인간이라는 것이다. 이것은 하나의 유전학적 결정론으로 이어지는데 이와 같은 사고는 인간 자체도 인과에 의해 지배되는 기계로 간주하는 직접적 결과라고 할 수 있다.

기계론적 세계관은 자연에 대한 인간의 생각을 매우 공격적으로 만들었다. 인간이 과학을 통해 자연을 지배할 수 있다는 생각을 갖게 한 이상 이런 태도는 당연한 것이리라. 개발은 무조건 선이라는 사고가 자연스럽게 생활화되었다. 세상천지가 사람들의 손에 의해 무분별하게 파헤쳐져도 그것이 성장을 위한 개발이라면 용인되었다. 4대강 사업의 철학적 기반이 바로 이것이다.

기계론적 세계관은 과학기술의 급속한 발전을 가져왔고 그것은 상품의 대량생산으로 이어졌다. 사실 그 수많은 상품은 인간의 삶에서 꼭 필요하지도 않은 것이었지만 사람들은 끝없이 물건을 만들어냈으며 그 소유를 위해 돈을 벌어야만 했다. 그리고 사람들은 돈의 노예가 되어갔다. 그러니 기계론적 세계관은 근대 자본주의 발전과 뗄 수 없는 관계에 있다. 황금만능주의는 기계론적 세계관이 인간의 경제생활에 준 자연스런 결과이다.

시스템적 패러다임으로의 전환

카프라는 기계론적 세계관이 20세기에 들어와 더 이상 지배적인 패러다임이 될 수 없음을 강조하고 새로운 패러다임을 제시한다. 이름하여 시스템 이론이다. 이것은 기계론적 세계관에 대응하는 것으로 유기적 통합 이론이다. 세상의 모든 것은 따로 떼어 놓을 수 없다는 것이다. 정신과 물질, 인간과 자연 모든 것이 유기적으로 연결되어 있다는 것이다. 이것은 기계론적 세계관의 환원주의적 입장을 부정한다. 이것은 종합적이며 직관적이다. 또한 정신적이며 환경에 민감한 여성적이고 음적인 특성을 지닌 문화이다.

시스템 이론이란 세계를 모든 현상의 상호 연관성과 상호 의존성에 의해 파악하는 것이며 이 기본 구조에서는 그 특성이 그것을 형성하고 있는 부분으로 환원될 수 없는 통합된 전체를 시스템이라고 부른다. 살

아 있는 조직체, 사회 및 생태계는 모두 시스템이다. 56쪽

이에 따라 카프라는 모든 것을 원자화한 분자생물학을 뛰어 넘은 시스템 생물학으로 생물학을 발전시킬 것을 주장한다. 이는 모든 유기체가 그 하나하나가 통합된 전체이며 그래서 살아 있는 시스템이라는 차원에서 나온 주장이다.

카프라는 건강과 치료에 있어서는 정신과 육체에 대한 전일적 접근을 강조한다. 대부분의 경우 병을 얻는 과정은 육체와 심리 치료를 통합한 접근을 통해 가장 효과적으로 역전될 수 있다고 보는 것이다. 나아가 그는 시스템적 접근을 경제에 적용한다. 시스템적으로 경제를 운용할 때 과도성장과 과도소비는 전체 사회와 전체 우주에 심각한 악영향을 끼친다. 때문에 소비를 줄이고 에너지를 절약하며 태양에너지 등 재생가능한 에너지 체제로 나아가야 한다고 한다. 우주와 우리의 삶이 조화를 이루어갈 때 전 우주의 생명력은 복원된다는 것이다.

신과학운동의 배경, 현대물리학

이러한 입장이 탄생된 배경은 뉴턴 이후 200년을 구가한 고전물리학의 퇴조와 괘를 같이한다. 20세기 초부터 얼굴을 들어낸 새로운 물리학은 고전물리학으로는 도저히 설명할 수 없는 현상들을 발견하게 된다. 이것이 바로 양자역학으로 대표되는 현대물리학이다.

우선 전자의 설명부터 보자. 전자는 원자 주위를 돌고 있는 것인데

이것은 입자의 성질을 가지고 있으면서도 파동의 성질을 가지는 것으로 밝혀졌다. 동일한 물질이 입자이면서 파동이라는 것은 모든 물질은 공간 속에 절대적으로 위치한다는 고전물리학 이론으로는 설명이 불가능하다. 또한 물질이란 반물질이라는 쌍을 가지고 있다. 음전자는 그 질량과 모든 속성이 다 같으나 반대의 전하를 가진 양전자와 한 쌍을 이루는데 이들은 서로 만나면 소멸한다. 이는 물질이 영원하지 않음을 알려 주는 것이다.

또한 입자의 세계에서는 위치와 운동량(속도)의 측정이 사실상 불가능하다. 입자의 위치를 관찰할 수는 있으나 그 때는 입자의 운동량을 관찰할 수 없고 운동량을 관찰하려면 이때는 그 위치를 알 수 없다. 즉, 동시에 위치와 운동량을 관찰할 수 없으며 관찰 결과는 관찰자의 의사에 따라 달라진다. 이것이 소위 불확정성의 원리인데 고전물리학으로는 설명이 불가능하다.

이러한 입자 세계에 대한 새로운 발견은 물질의 개념, 자연의 합리성, 인과율, 과학의 객관성이라는 고전물리학의 기초 토대를 흔들어놓았다. 이것이 바로 현대물리학의 시작인데 여기에서 카프라의 신과학은 시작한다. 즉, 카프라가 말하는 새로운 과학은 현대물리학의 이론적 기초 속에서 주장되는 것이다. 데카르트는 확실한 것만이 과학이라 했지만 현대물리학에서는 확실하지 못한 것도 과학이라고 말한다.

신과학운동의 미래

　카프라가 주도하는 신과학운동은 아직 과학적으로 완전히 정초된 개념이 아니다. 왜냐하면 그의 주장(시스템적 패러다임)은 신선하지만 과학의 실제 세계에서 연구자들이 어떻게 실천해야 하는지가 아직 분명하지 않기 때문이다. 총론적 방향은 분명하지만 이를 실천할 각론은 여전히 과제라는 말이다. 이런 이유로 신과학운동이 인류사회에 정착되기 위해서는 상당한 시간이 필요하다고 본다. 하지만 신과학운동이 과학만능주의에 대한 강력한 경고로서 자연과 인간의 조화로운 삶을 지향한다는 점에서 인류의 새로운 희망인 것만큼은 분명하다. 그 희망을 이루는 몫은 이제 카프라만의 것이 아니라 우리 모두에게 있다는 것을 잊지 말아야겠다. 자연의 시간은 우리를 마냥 기다려주지 않는다. 우리가 새로운 세계관으로 인간과 자연의 관계를 새로이 정립할 때가 바로 '지금'이라는 말이다.

프리초프 카프라는 누구인가

 프리초프 카프라(Fritjof Capra)는 1939년 오스트리아 빈에서 출생했으며 빈 대학에서 이론물리학으로 박사학위를 취득했다. 졸업 후 그는 유럽의 여러 대학에서 물리학 교수로 재직하다가 1960년대 후반부터 미국에 정착하여 스탠포드, UC 버클리(로렌스 연구소) 등지에서 소립자 연구를 했다.

카프라는 물리학자이면서 동양사상에도 조예가 깊어 동양사상을 물리학과 비교하는 강연과 논문을 많이 발표했다. 그는 소위 '신과학운동'의 기수로 불리며 이 새로운 물결에 영향을 주는 저작을 잇달아 출간했다. 대표작으로는 이 글에서 다루는 『새로운 과학과 문명의 전환(The Turning Point)』(1982)를 비롯하여 『현대 물리학과 동양사상(The Tao of Physics)』(1975), 『탁월한 지혜(Uncommon Wisdom)』(1998), 『녹색정치(Green Politics)』(1984) 등이 있다. 카프라의 사상은 동양사상과 맥을 같이한다. 그의 첫 작품이 『현대 물리학과 동양사상』인데 이것은 현대물리학을 동양의 도교 사상에 기초하여 풀어본 것이다. 카프라에게 있어 동양사상은 그의 물리학을 이해하는 데 중요한 기초를 이룬다.

우리나라에서 카프라가 알려지게 된 것은 범양출판사를 운영한 이성범 선생의 노력에 힘은 바 크다. 선생은 1980년대 이후 카프라의 주요 저작물을 직접 번역했고 정기간행물인 《과학사상》을 출간하여 신과학운동을 전파했다.

생명이란
무엇인가

Ronald Dworkin

우리나라에서 낙태가 문제가 된 것이 어제 오늘의 일이 아니다. 그것을 금지하는 법은 있으나마나한 상황이 되었다. 그렇지만 사람들은 낙태를 하면서 양심의 가책을 느낀다. 그것은 결코 기분 좋은 선택이 될 수 없다. 왜 그럴까. 낙태는 산모가 선택할 수 있는 것인가? 아니면 국가나 사회는 낙태를 금지할 수 있는가? 이 둘이 모두 가능하다면 그 근거는 무엇일까. 제14강에서는 낙태 문제를 풀기 위해 이 시대의 저명한 법철학자 로널드 드워킨의 법철학을 들여다보자. 비록 조금은 따분한 이야기가 되겠지만 우리의 생명 논의에 큰 지혜를 줄 것이다.

낙태공화국 대한민국, 어디로 갈고?

로널드 드워킨의 『생명의 지배영역』이 말하는
생명가치의 새로운 이해

낙태공화국 대한민국

이번 강의에서는 조금 무거운 이야기를 해야겠다. 입에 담기 어렵지만 언젠가는 우리 사회가 풀어야만 할 숙제를 말하고자 한다. 낙태다. 이 뜻을 모르는 이는 없을 것이다. 그래도 노파심에 그 뜻을 이야기해보자. 낙태란 자연분만기 이전에 태아를 자궁에서 인공적으로 제거하는 행위를 말한다.

낙태는 법률상 명백히 범죄행위다. 우리 형법은 낙태를 한 여성도, 이를 도와준 사람(의사)도 모두 처벌한다. 그중에서도 낙태를 시술한 의사에 대한 법정형은 징역형만 있고 벌금형도 없으니 의사가 낙태를 하다가 걸리면 감옥에 갈 것을 각오해야 한다.

다만 우리 법은 예외를 인정한다. 그것이 모자보건법이라는 법률에 규정되어 있는데, 여기에서는 몇 가지 사유 — 임신이 강간에 의한 경우,

임신 지속이 산모의 건강을 심각하게 해칠 우려가 있는 경우 등 — 가 있으면 인공임신중절이라는 이름으로 낙태를 허용하고 있다.

대한민국은 낙태공화국이 된 지 오래다. 민주공화국은 좋지만 정말로 되지 않아도 좋을 공화국 하나를 더 만들고 말았다. 그만큼 낙태가 광범위하게, 일상적으로 일어난다는 말이다. 낙태 건수 중 90% 이상은 불법이다. 그러니 대부분의 낙태가, 적어도 법률적으로는, 모자보건법이 인정하는 인공임신중절이라는 편법 낙태라는 이름으로도 정당화시킬 수 없는 상태에서 이루어지는 범죄행위이다.

낙태가 전국적으로 정확히 어느 정도로 일어나는지는 아무도 모른다. 정확한 통계가 아직 없기 때문이다. 단지 추정할 뿐이다. 2005년 보건복지부가 실태조사를 통해 추정한 건수는 연간 34만 건 정도였다. 하지만 낙태전문가들은 이 수치를 믿지 않는다. 일부 전문가들은 연간 150만 건 이상의 낙태가 있다고 주장한다. 연간 신생아 수가 40만 명 남짓이라는 것을 생각하면 그 수가 얼마나 많은지 짐작이 갈 것이다.

대한민국에서의 낙태는 법률상 범죄인 것이 분명하나 사실상 처벌되지 않는 이상한 범죄다. 너무나 많은 사람들이 별다른 죄의식을 느끼지 않고 낙태를 하다 보니 사법당국도 손을 놓고 만 것이다. 낙태는 이미 사실상 사문화된 범죄 유형이 되고 말았다.

그럼에도 가끔 이 낙태죄가 수면 위에 오르는 때가 있다. 그것은 아마도 무분별한 낙태가 사람들의 양심을 흔들기 때문이리라. 이런 눈으로 보면 최근 낙태를 보는 눈이 달라지고 있음을 볼 수 있다. 도처에서 일어나는 낙태라는 사회현상을 도저히 두고 볼 수 없다는 사람들이 조금씩 늘고 있는 것이다. 의사들 사이에서는 '프로 라이프 의사회'라는 단체가

나타나 그동안의 무분별한 낙태
현실을 고발하고 낙태를 하는 의
사들을 색출하여 고발하는 운동
까지 벌이고 있다. 그런데 '프로
라이프'가 있다면 사회 일각에
서는 '프로 초이스'도 존재한다.
이것은 낙태는 본질적으로 여성
의 생식에 관한 자기결정권의 문

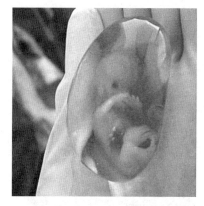

자궁 적출 시에 촬영된 10주된 태아의 모습

제라고 하면서 낙태를 무조건 금
지하는 것에 대해서 강하게 반대한다. 이렇게 되다보니 우리 사회도 낙
태를 둘러싸고 큰 전선이 만들어진 느낌이다. 마치 미국에서 지난 반세
기 이상 동안 진행되어온 찬반 논쟁을 한국에서 보는 듯하다.

 이런 상황에서, 나는 오늘 낙태의 본질을 이야기하고자 한다. 내가
이런 문제를 다루는 것은 낙태의 본질을 제대로 이해하지 않고서는 낙
태 문제를 해결하기가 쉽지 않다는 인식 때문이다. 낙태 문제는 생명에
대한 이해를 전제로 한다. 그러니 독자들이여, 오늘 나와 함께 생명을
논해보자. 그리하여 우리 사회의 어두운 그림자인 낙태라는 문제의 본
질에 다가가 보자.

로널드 드워킨과 『생명의 지배영역』

 나는 낙태 문제를 이야기하기 위해 여기에 이 시대의 저명한 법철학

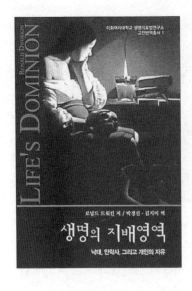

자 로널드 드워킨을 소개한다. 드
워킨은 이마누엘 칸트 이후 영문
으로 된 법률문헌에 가장 많이 인
용되는 법철학자로 알려져 있다.
그러나 문제는 이 사람의 법철학
을 제대로 이해하기가 여간 어렵
지 않다는 사실이다. 그의 대표작
이라고 할 수 있는 책들이 국내에
서도 몇 권 번역되었지만 일반 독
자가 읽고 이해하기란 쉽지 않다.
나 역시 마찬가지다. 명색이 법대
교수이고, 그의 책 대부분이 나의 전공과 유관함에도 불구하고, 나는
드워킨의 책을 제대로 읽어본 적이 없다. 아니 정확히 말하면 읽기는
시도했지만 이해에 성공한 적이 없다.

　그러다가 2년 전 내가 담당하는 인권법 수업을 위해 열일을 젖히고
『생명의 지배영역』(박경신·김지미 옮김)을 읽게 되었다. 읽어 내려가는
순간 이 책이 종래의 번역서와는 다르다는 생각이 들었다. 종래의 책이
드워킨의 법철학의 내용을 보여주는 순수한 이론서임에 반해 이 책은
그의 법철학을 현실에 응용한 실용 철학서였다. 낙태와 안락사라는 사
회적 문제의 본질을 번득이는 법철학적 논리로 정리해 나가는 것이 여
간 신선해 보이질 않았다. 번역의 수준 또한 가독성을 높이는 데 크게
도움을 주었다. 드디어 나는 드워킨을 제대로 만난 것이다. 왜 그가 세
계적인 철학자로 그토록 대접받고 있는지 나는 이 책을 통해 비로소 알

게 되었다.

『생명의 지배영역』은 낙태와 안락사를 법철학적으로 이해하는 데 아주 유용한 책이다. 비록 전문학술서이기 때문에 많은 사람들이 가볍게 읽을 책은 아니다. 그렇지만 칸트의 『순수이성비판』이 철학자만을 위한 책이 아닌 것처럼 이 책은 소수의 전공자만을 위한 책이 아니다. 오히려 이 책은 칸트의 철학서에 비하면 읽기가 훨씬 수월하다. 그러니 독자들이여, 조금 어렵더라도 도전하시라. 바라건대, 이 글이 드워킨을 통해 생명의 본질을 성찰하고자 하는 독자들에게 조금이나마 도움이 되길 기대한다. 다만, 지면의 한계로 드워킨이 다룬 두 가지 문제 — 낙태와 안락사 — 중 오늘의 주제인 낙태에 한정해 소개하고자 한다.

낙태는 인간을 죽이는 행위인가

드워킨은 우선 이제까지의 낙태 논쟁의 핵심이 무엇인지를 파악하고자 노력한다. 첫 번째 논쟁은 '태아가 인간인가에 대한 문제'이다. 이 관점에서 낙태를 반대하면, 태아는 본질적으로 인간이므로 낙태는 인간의 생명권에서 파생된 문제가 된다. 드워킨은 이러한 낙태 반대를 '파생된 반대'라고 부른다. 그의 설명을 직접 들어보자.

태아가 처음부터 자신 스스로의 이해관계 또는 이익을 가진 생명체이며 이 이익은 살아남을 이익을 포함하고, 모든 인간들이 이와 같은 기초적인 이익을 보호하는 권리를 가진 것처럼 태아도 그런 권리를 가지고 있고, 이 권리는 살해당하지 않을 권리도 포함한다. 이 주장에 따르면 낙태는 나쁜 것이다. 낙태는 살해당하지 않을 권리를 침해하기 때문이다. 다 자란 어른을 죽이는 것이 그 사람의 살해당하지 않을 권리를 침해하기 때문에 나쁜 것이라고 보통 여겨지는 것과 마찬가지이다. 나는 이 주장을 낙태에 대한 '파생된 반대(derivative objection)'라고 부를 것인데, 이 주장은 모든 인간이 갖는 권익이 존재하고 태아도 이를 가지고 있다고 전제하고 이 전제로부터 파생되었기 때문이다. 12쪽

이와 같은 견해는 낙태에 관해 보수주의적 입장을 가진 사람들에게서 자주 나오는 말이다. 물론 이에 대해 자유주의적 입장을 가진 사람들은 태아는 결코 인간이 아니라는 말로 대립각을 세운다. 이들에겐 생명권이란 인간으로 출생한 이후에나 갖는 권리지 어머니 복중에서 누릴 수 있는 권리가 아니라는 것이다. 그런 이유로 이들은 낙태를 인간생명권이란 입장에서 접근하는 것에 대해 반대한다.

그러나 드워킨은 이 논쟁은 낙태에 대한 보수주의와 자유주의의 본질이 될 수 없다고 주장한다. 우선, 보수주의자에게도 낙태를 허용하는 데 크게 반대하지 않는 때가 있다. 예컨대, 강간에 의해 임신이 된 경우 보수주의자라 할지라도 대부분 낙태를 허용한다. 그런데 이것은 태아가 인간이라고 보는 것과는 정면으로 모순이다. 태아는 강간과 무관한 별도의 생명체요, 별도의 인간인데 도대체 어떤 도덕적 이유로 그의 생명을 부정할 수 있겠는가. 태아에게도 인간생명권의 주체가 될 수 있다고 하면서도 그것을 부정하는 데 아무런 도덕적 논리를 제시하지 못한 채 낙태를 허용하는 것은 논리모순이라는 것이다.

또한 보수주의자는 산모의 건강이 위험할 경우도 낙태를 허용하는데 그 경우도 산모의 생명이 새로운 인간생명체인 태아의 그것보다 더 중요하다는 도덕적 근거는 없다. 이렇듯 낙태를 예외적으로 허용하는 어떤 경우도 태아가 인간이라는 입장에서는 모순되는 행위일 수밖에는 없다.

태아가 인간인가 아닌가는 자유주의자의 낙태 허용론에도 큰 논거가 될 수 없다고 드워킨은 진단한다. 왜냐하면 아무리 자유주의자라 해도 아무 때나 낙태를 즐기는 것이 아니다. 자유주의자라 해서 낙태가 도덕적으로 정당하다고 주장하는 것은 아니다. 그들도 대부분 낙태가 도덕적으로 문제가 있으며 더욱 임신 후반기의 낙태는 쉽게 할 수 있는 게 아니라는 데 동의한다. 자유주의자라 할지라도 낙태가 그저 편도선 수술 정도에 불과한 것은 아니라는 것이다. 태아가 인간이 아니라고 믿는다고 해도 생명체인 태아를 없애는 것은 원칙적으로 잘못이라는 생각은 자유주의자에게도 예외는 아니다.

인간생명의 내재적 가치에 대한 입장차가 낙태 논쟁의 핵심

그렇다면 낙태 논쟁의 핵심은 무엇인가. 드워킨은 그 핵심이 인간생명의 내재적 가치에 대한 입장차라고 주장한다. 그는 낙태 반대를 이 입장에서 하는 것을 '독립적 반대'라는 이름으로 설명한다. 그의 말을 직접 들어보자.

인간생명은 내재적이고 선천적인 가치를 가지고 있고 인간생명은 그 스스로 신성하며 인간생명의 신성성은 생물학적 생명이 발생하면서 시작된다. …… (이 주장에 따르면) 낙태는 원칙적으로 나쁜데 생명의 단계와 형태가 어찌되었건 인간생명의 내재적 가치, 즉 신성성을 무시하고 모독하기 때문이다. 나는 이 주장을 낙태에 대한 '독립적 반대(detached objection)'라고 부를 것인데, 이 주장은 특정한 권익의 존재를 전제하거나 그에 의존하지 않기 때문이다. 12~13쪽

즉, 드워킨이 보는 낙태 논쟁의 핵심은 낙태는 태아가 인간으로서, 생명권의 주체로서 나오는 파생적 문제가 아니라 '인간생명 그 자체의 내재적 가치 혹은 신성성, 그 자체에 대한 문제'라는 것이다.

…… 우리가 좀 더 면밀히 살펴본다면, 우리는 거의 모든 사람들 — 자유주의자나 보수주의자나, 단체나 개인인, 여성주의자나 가톨릭이나 모두 — 에게 있어 낙태에 관한 논쟁이 두 번째 종류의 논쟁(독립적 반대)의 논쟁인 것을 깨닫게 될 것이다. 즉, 어떻게 그리고 왜 인간생명이 내재적 가치를 지니고 있으며, 그 가치가 낙태에 관한 개인적이고 정치적인 결정들에 어떤 의미를 갖는지에 대한 논쟁인 것이다. 27쪽

낙태에 대해 보수적 입장을 갖든 자유주의적 입장을 갖든 거의 모든 사람들은 명백하게 혹은 직관적으로 인간생명은 모든 사람에게 객관적이고 독립된 인격적 가치를 가지고 있다는 생각을 공유하고 있다. 다만, 그 공유된 생각에 대한 올바른 해석에 있어서 의견이 일치하지 않

는다는 것이다.

인간생명 신성성의 근거

그렇다면 문제는 보수주의자와 자유주의자가 인간생명의 내재적 가치에 대해서 어떤 입장차를 갖느냐를 알아보는 일이다. 이것을 알기 위해서는 우선 내재적 가치, 즉 인간생명의 신성성이 어떤 근거를 통해 확보되는지가 규명되어야 한다.

이에 대한 드워킨의 설명이 이 책의 하이라이트다. 그는 인간생명의 신성성의 근거로 '자연적 창조'와 '인위적 창조', 두 가지를 제시한다. 자연적 창조는 한마디로 신(혹은 자연)에 의한 창조를 말한다. 이것은 인간의 노력의 결과가 아닌 신의 선물이자 기적이다. 우리가 신을 신뢰하는 한 자연적 창조물에 대해 경외하는 것은 인간의 신에 대한 의무라는 것이다. 태아는 바로 그런 존재다. 하나님이 당신의 형상대로 만든 기적과 같은 존재, 바로 그것이 태아라는 말이다.

반면 인위적 창조는 우리 인간의 노력의 결과로서 얻어진다. 생명의 잉태에서부터 인간은 그것을 의도하고 준비한다. 잉태된 다음에는 그것을 소중히 다루며 뱃속에서 키운 다음 출산하고 그 생명체의 미래를 위해 최선을 다해 양육한다. 이 모든 것이 인간들에 의한 창조의 결과다. 따라서 인위적 창조에서 그 가치의 정도는 인간 노력의 정도와 관련이 있다.

인간생명이 그 무엇보다 존엄하다는 것은 결국 위와 같은 자연적 창조와 인위적 창조의 결합으로써 만들어진 인간생명체 대해 우리 인간들이 내재적 가치가 있다고 인정하는 것이다. 이것은 낙태를 인정하든 부정하든 거의 모든 사람들에게서 발견된다는 것이 드워킨의 주장이다.

인간생명의 신성성에 대한 보수주의자와 자유주의자의 입장차

드워킨은 인간생명의 내재적 가치, 곧 신성성은 자연적 창조와 인위적 창조에 의해 결정되지만 문제는 보수주의자와 자유주의자가 신성성이 침해되는 경우 그것을 받아들이는 태도, 즉 좌절의 정도가 다르다고 주장한다.

낙태는 내재적 가치를 가진 생명의 폐기를 동반하기 때문에 그 자체로 나쁜 일이며 수치이다. 이런 이유로 보수주의자든 자유주의자든 낙태는 도덕적으로 항상 문제가 있음을 인정한다. 그러나 그들은 어떤 경우는 더 나쁘고 또 어떤 경우는 덜 나쁘다고 생각한다. 바로 여기에서 낙태에 대한 보수주의와 자유주의가 결정된다. 그렇다면 그 나쁨의 정도 — 나쁘다고 보면 보수주의자가 되는 것이고, 상대적으로 덜 나쁘다고 보면 자유주의자가 되는 것이다 — 를 어떻게 판단할 것인가.

이것은 이런 질문과도 관련이 있다. 사람들 대부분은 왜 젊은 여성이 비행기 사고로 죽는 것을 노년의 남성이 죽는 것보다 더 안타까워할까. 생명의 신성성에도 정도의 차이가 있다는 말인가. 드워킨은 사람들의 죽음에 대한 좌절의 정도는 죽음이 언제 오느냐와 관련이 있다고 한다.

죽음을 맞은 나이와 비극성의 정도 사이의 관계를 그래프로 나타낸다면 대부분의 사람들의 비극에 대한 인식은 출생 시점에서 올라가기 시작해서 늦은 아동기나 이른 청소년기에 이른 후에 평평하게 진행하여 중년 초기의 어느 시점을 지난 후에는 극도로 노후한 시점을 향해 다시 내려가기 시작할 것이다. 95쪽

이제 드워킨의 생명 신성성에 대한 입장을 설명함에 있어 정점에 달한 느낌이다. 그는 생명의 신성성이 침해될 때 — 낙태가 대표적일 것이다 — 그것은 창조력(자연적 창조력과 인위적 창조력)의 침해로 보며, 침해되는 창조력이 어떤 것이냐에 따라 두 진영의 좌절의 정도가 다르다고 설명한다. 즉, 보수주의적 입장은 자연적 창조력에 대한 좌절을 인위적 창조력에 대한 좌절보다 상대적으로 더 중시한다. 때문에 이 입장에서는 낙태는 원칙적으로 금지될 수밖에 없다.

이에 반해 자유주의적 입장은 인간생명에 투여된 자연적 창조력을 좌절시키는 것은 별로 중요하지 않게 여긴다. 여기에서는 인위적 창조력을 좌절시키는 것이 더 나쁘다고 생각한다. 따라서 이 입장에서는 적어도 임신 초기의 낙태는 원칙적으로 산모의 선택의 문제가 될 뿐이다.

······ 낙태에 대한 심각한 견해차는 개별 인간생명의 신성성을 수립하는 데에 투여된 인위적 창조력과 자연적 창조력의 상대적인 도덕적 중요성에 대한 견해차를 반영하는 것으로 가장 잘 이해될 수 있다. ······ 다양한 낙태관들을 두 종류의 좌절의 상대적 중요성에 대한 견해의 한 극단에서 다른 극단까지 나열한 것을 중심으로 순서를 정할 수 있다. 즉,

한 극단에는 생물학적 창조력의 좌절을 모든 인위적 투자의 좌절보다 더욱 나쁜 것으로 평가하는 입장이 있고, 조금 더 온건하고 복잡하게 조절된 입장들을 거쳐 다른 극단에는 인간생명에 투여된 생물학적 창조력을 좌절시키는 것은 별로 중요하지 않으며 인위적 창조력을 좌절시키는 것이 항상 더 나쁘다고 생각하는 입장이 있다. 100쪽

인간생명의 내재적 가치는 종교의 문제

설명을 쉽게 해보려 했지만 독자들이 얼마나 이해를 했는지 모르겠다. 그러나 여기까지 어렵게라도 이해했다면 이제 드워킨 이해의 마지막을 설명해야겠다. 결국 드워킨은, 낙태는 생명의 신성성의 가치판단, 그중에서도 자연적 창조력에 대한 입장이 낙태의 금지와 허용을 나누는 결정적 계기를 만든다고 설명한다. 그렇다면 그것은 다름 아닌 종교적 문제다. 자연적 창조력 운운은 결국 인간을 초월한 절대적 존재를 인정하는 종교적 가치관의 표현이기 때문이다.

따라서 낙태를 근원적으로 불용하는 것은 종교를 강요하는 것이나 마찬가지가 된다. 이것은 또 다른 문제를 야기한다. 종교의 자유와 정교분리의 원칙에 어긋난다는 주장이 바로 그것이다. 이로 인해 드워킨은 낙태에 대해 다음과 같은 결론을 유도한다. "낙태의 금지 여부는 종교적 문제이다. 따라서 국가가 낙태를 법으로 원칙적으로 금지하는 것은 종교를 강요하는 것이나 마찬가지다. 정교분리의 헌법 원칙상 이는 허용될 수 없다." 드워킨의 말을 직접 들어보자.

낙태를 범죄로 규정하는 국가는 자신의 낙태관을 의식적으로 종교적 민음에 결부시키는 여성에게 하는 만큼, 위와 같은 여성의 자유로운 종교행사권도 박탈한다. …… 낙태를 금지하는 정부는 인간생명에 대한 특정한 해석에 귀의하는 것이며 본질적으로 종교적인 하나의 입장을 다른 사람들에게 강요하는 것이며 제1수정조항은 이를 금지한다. 176쪽

다만 드워킨은 정부가 낙태를 근본적으로 금지하는 것은 헌법 위반이나 심대한 도덕적 중요성을 가진 낙태 문제에 대해 국민이 좀 더 책임 있는 판단을 하도록 하는 조치는 허용된다고 한다. 예를 들면, 낙태를 하기 전에 국가가 낙태의 위험성을 교육하고, 일정기간 숙려할 것을 요구하는 그런 정책을 쓰는 것은 허용될 수 있다는 것이다.

드워킨의 입장으로 본 로이 대 웨이드 판결

마지막으로 하나를 더 소개해야겠다. 판결이야기다. 미국 사법사의 한 획을 긋는 판결 중 하나가 1972년 미국 연방대법원에서 판결한 로이 대 웨이드(Roe v. Wade) 사건이다. 이 판결에서 연방대법원은 낙태를 원칙적으로 허용하는 역사적 결단을 선언했다. 이 판결의 간단한 요지는 다음과 같다.

첫째, 산모가 헌법상 가지고 있는 생식에 대한 자기결정권을 확인했고 주정부들이 단순히 자신들이 원하는 방식으로 낙태를 금지할 수 없

다고 선언했다. 둘째, 주정부들은 그러나 낙태를 규제할 합법적인 공익적 목표를 가질 수 있다. 셋째, 그 권리와 그 공익적 목표를 조화시킬 세부적인 방식을 고안했다. 그 방식이란 거칠게 표현하면 주정부는 임신제1/3분기에는 어떤 이유로도 낙태를 금지할 수 없고, 제2/3분기에는 산모건강을 목표로만 낙태를 규제할 수 있고, 제3분기, 즉 태아가 자생력을 가진 후에는 낙태를 완전히 금지할 수 있다는 것이다. 179쪽

위 판결의 핵심은 임신 기간별로 태아에 대한 국가의 관여가 달라진다는 것이다. 그 이유는 무엇일까. 그것은 위에서 본 드워킨의 낙태관으로 쉽게 설명이 가능하다. 임신 초기의 낙태가 가능한 것은 자연적 창조력의 시기이기 때문이다. 따라서 이 기간은 종교를 강요하지 않는다면 기본적으로 산모의 자기결정권에 맡겨야 할 시기다. 결코 국가가 관여할 수 있는 것이 아니다.

임신 초반기가 지나면 자연적 창조력에 인위적 창조력이 더해지는 시기로 넘어가고 이때부터는 태아의 내재적 가치에 대한 (낙태로 인한) 모독은 커질 수밖에 없다. 따라서 이 시기가 되면 우선 국가는 산모에게 삶과 죽음에 대한 결정을 진지하게 하도록 도덕적 환경을 유지할 공익적 목표를 설정할 수 있다.

나아가 임신 3분기(임신 6개월 이후)가 되면 이미 태아는 자생력을 획득하는 시기 — 이때는 조기출산도 가능하다 — 에 들어간다. 이 시기가 되면 국가는 사회 방어적 차원에서 낙태를 금지시킬 수가 있다. 만일 이시기에도 낙태를 허용한다면 국가는 자연적 창조력과 인위적 창조력의 결합으로 만들어진 인간생명의 가치를 죽음의 위협으로부터 그저

방관하는 것이 된다. 때문에 국가는 낙태를 원칙적으로 금지시킬 수도 있는 것이다.

우리나라의 낙태 문제에 대하여

나는 우리의 낙태 문제를 해결하기 위한 하나의 철학을 제공하기 위해 세계적 법철학자 로널드 드워킨의 『생명의 지배영역』을 파헤쳤다. 나의 능력의 한계로 제대로 설명이 되었는지는 솔직히 자신이 없다. 그러나 곱씹어 생각해보면 이 책이 주는 의미가 적지 않다는 것 정도는 쉽게 알 수 있을 것이다.

우리의 낙태 논쟁은 최근 미국의 '프로 라이프' 대 '프로 초이스'와 거의 같은 양상으로 발전하고 있다. 따라서 단순히 형법상의 낙태죄와 모자보건법상의 인공임신중절의 예외로서 이해되는 낙태 논쟁은 이제 졸업을 해야 할 때다. 낙태의 본질을 이해하고 그에 기해 우리의 법제를 새로이 재건축하는 것이 필요하다고 생각한다.

그래야만 하루에도 수천 건씩 불법적으로 이루어지는 낙태 문제를 해결할 수 있을 것이다. 언제까지 낙태를 하는 산모나 그를 돕는 의사들에게 낙태죄의 굴레를 씌우겠는가. 한국에서도 생명에 관한 진지한 철학이 활발히 논의되어 많은 사람들이 동의하는 수준의 법률이 하루 빨리 제정되길 기대해 마지않는다.

로널드 드워킨은 누구인가

 로널드 드워킨(Ronald Dworkin)은 1931년 태어났다. 하버드 대학과 옥스퍼드 대학에서 수학하고 하버드 로스쿨을 졸업한 뒤, 미국 사법사에서 연방대법관이 아닌 법률가로 가장 저명한 판사였던 러니드 핸드(Learned Hand) 밑에서 로 클럭 생활을 했다. 그 뒤 잠시 로펌에서 일했지만 1962년부터 예일 로스쿨에서 교수생활을 시작하여 현재까지 법철학 교수로 일하고 있다. 그동안 옥스퍼드 대학과 뉴욕 대학(NYU)에서 일했으며, 현재는 뉴욕 대학과 런던 대학(UCL)의 석좌교수로 재직 중이다.

그는 영미권의 법철학 및 정치철학 논문에서 가장 많이 인용되는 학자 중의 한 사람이다. 그의 법철학은 주류 법철학인 실증주의를 비판하면서 그것을 넘어서서 법이 도덕과 관련될 수 있음을 보여준다. 그는 법은 정치도덕에 기반을 두어야 하며, 반드시 그래야 한다고 주장한다. 또한 그는 사회주의권 몰락과 함께 천대받았던 평등의 이념을 새롭게 해석해 자유주의적 정치이상으로 다시 살려 놓았다. 이런 공로로 그는 2007년 인문사회과학의 노벨상이라 불리는 홀버그상을 받았다.

그는 이 글에서 소개한 『생명의 지배영역』 외에도 다수의 저서를 출간했는데, 대표작이라고 할 수 있는 『법의 제국』(장영민 옮김), 『자유주의적 평등』(염수균 옮김), 『법과 권리』(염수균 옮김) 등은 국내에 번역 출간되었다.

『생명의 지배영역』, 몇 가지 단상*

낙태, 범죄일까, 잘못일까?

'낙태가 범죄일까?' 우리에게 이런 질문이 던져졌을 때, 즉답을 회피하고 말을 아끼게 된다. 한국 사회에 성행하고 있는 낙태행위가 사회적 문제라는 것은 인식하지만, 그렇다고 해서 딱히 범죄라고 말하기에는 과하다는 생각이 들기 때문이다. 현대 사회는 성적으로 개방되었을 뿐 아니라, 개인의 선택을 존중하고, 남에게 피해를 주지 않는 이상 비난하기 어렵지 않은가? 개인적 신념이 어떻든지 간에, 타인의 낙태행위에 반드시 형사처벌이 이루어져야 한다고 말할 수 있는 사람이 몇이나 있을까? 딱한 일이지만, 그리고 될 수 있으면 피하고 싶지만, 어쩔 수 없이 낙태라는 차악을 택하는 사람들에게 무엇이라 할 수 있겠는가?

---

* 이 글을 쓴 오시진 씨는 과거 필자의 인권법 수강생으로 학부에서 법학을 전공하고 하버드 대학에서 신학을, 옥스퍼드 대학에서 법철학을 공부한 재원이다. 현재 고려대 대학원에서 국제법 박사과정에 있다. 민변의 독서모임에 열심히 참여하면서 법학의 외연을 확장해가고 있다.

이제 질문을 '낙태는 잘못된 것인가?'라는 것으로 바꾸어보자. 이렇게 질문할 경우, 많은 사람들이 좀 더 편하게 자신의 의견을 전할 수 있지 않을까. 낙태는 차악으로서 이 사회의 불가피한 그늘이라고 보는 입장에서부터 낙태가 여성을 해방했다는 입장, 낙태는 어떠한 경우에도 허용되지 않는다는 입장까지 다양한 견해를 내놓을 수 있을 것이다.

그러나 다양한 의견대립이 있음에도 불구하고, 많은 사람들은 대립을 회피하고, 상대방의 견해를 확인하는 수준에서 논의를 마무리하고 깊이 있는 대화를 피하려고 할 수도 있다. 솔직히 낙태와 같은 어려운 문제에 있어서 상대방의 견해를 바꿀 수 있다고 자신할 수 있는가? 불가능하지는 않겠지만, 짧은 시간 안에 가능할 것이라고 생각하지 않다. 혹 소모적인 논쟁이 될 여지도 부인할 수 없다.

단순한 대립구조, 그러나 ······

왜 이런 것일까? 왜 대화조차 어려운 것일까? 어찌 보면 큰 틀에서 봤을 때, 낙태 논란은 단순한 대립 구조로 이루어져 있다. 낙태는 프로라이프(Pro-life)와 프로초이스(Pro-choice)의 대립관계에서 전통적으로 논의 되어왔기 때문이다. 고귀한 인간의 생명이 우선하는가 아니면 인간의 존엄성에 기초한 자기결정권이 우선하는가? 이러한 대립 구조에서 우리는 양자택일을 불가피하게 선택해야 하는 입장에 놓여 있는가? 그렇다면 둘 중 하나가 충분히 만족스러운가? 아니면 어쩔 수 없는 불가피한 선택인가? 어느 정도 절충을 하고 싶지 않은가? 그런데 어떻게 기준을 세울 것인가?

로널드 드워킨은 『생명의 지배영역』에서 이러한 대립구조 저변에 깔려 있는 무언의 전제를 건드린다.

인간과 생명, 그것은 무엇인가

낙태의 근본적 문제는 생명과 인간의 관념에 놓여 있다. 태아가 생명체인 것에 대해서는 이견이 없을 것이다. 그러나 태아도 인간인가 하는 질문에 대해서는 문제가 복잡해진다. 과연 인간이 무엇인가? 인간 됨이 무엇이라 할 수 있는가? 특정 세포의 수가 몇 백만 개 이상일 때는 인간이라 하고, 그에 비해 몇 개 부족하면 인간이 아니란 말인가? 여기에 생명의 문제를 더하면 문제가 더 복잡해진다. 우선 무엇이 생명체인가? 적어도 어떤 존재가 보호받을 만한 이익이 있는 혹은 가치가 있는 생명체인가? 생명이 가치가 있다는 데에는 이견이 없을 것이다. 그러나 얼마나 가치가 있는가? 인간의 생명의 가치는 절대적이라고만 할 수 있는가?

생명이 신성한 이유

드워킨은 더 깊이 들어간다. 왜 생명이 가치가 있는가? 사실 낙태 문제로 논쟁을 벌일 때, 왜 생명이 가치가 있다고 생각하는지 묻는 경우는 드문 것 같다. 그것은 그냥 전제이다. 설명할 필요가 없는 지위에 놓여 있다. 드워킨은 어떤 다른 것에 기하여(derivative) 생명이 가치 있게 되는 것이 아니라, 생명은 생명이기 때문에 그 이유 하나로 가치가 있다는 사실을 포착하여 이를 낙태에 대한 '독립적 반대(detached objection)'라고 부른다. 즉, 생명은 다른 어떤 것에 기하지 않고, 내재적인 가치를 가지고 있다는 것이다. 이를 신성성으로도 표현할 수 있겠다.

드워킨은 한 걸음 더 들어간다. 그렇다면 왜 생명은 내재적 가치를 가지는가? 왜 생명은 신성한가? 드워킨은 낙태에 대한 견해 대립은 사실 어떠한 이유에서 생명이 신성한지에 대한 대립으로 파악한다. '자연적 창조력'을 그 신성성의 이유로 보느냐 아니면 '인위적 창조력'을 그 이유로 보느냐에 따른 대립으로 본다는 것이다.

자연적 창조력에 따르면 신 혹은 자연에 의해 창조된 신성한 생명을 우리가 어찌하지 못하며 이에 대한 어떤 의무가 발생한다. 반면, 인위적 창조는 우리 인간의 노력의 결과, 즉 인간의 기여 부분과 밀접한 관련이 있다. 이 둘을 구분하기 위해서는 '요절(premature death)'의 문제를 고려해볼 필요가 있다. 만일 당신이 생명은 신이나 자연에 의해 주어진 선물이고, 생명은 초월적으로 중요한 것으로 여기며, 삶이 그에게 어떠한 경험을 예비하고 있든지 간에 그보다 생명 그 자체가 중요한 것으로 여긴다고 한다면, 자연적 창조력의 입장에 가깝다고 할 수 있다. 반면 만일 당신이 그 태아가 삶에서 어떠한 경험을 하게 될 것인지, 어떠한 삶을 살게 될지 등에 무게를 더 싣는다고 한다면, 인위적 창조력에 더 가깝다고 할 수 있다. 아기가 요절을 한다고 가정을 했을 때 전자의 입장에서는 여하한 이유에서도 안타깝다고 생각될 수 있다. 그러나 후자의 경우, 아기가 만일 어떠한 이유에서든지 이후의 삶이 불행하게 될 가능성이 매우 높다고 판단된다면, 그 안타까움이 전자와는 질적 차이가 있을 수 있다.

강간을 당한 이후에 태어난 원치 않은 아이를 기르는 십대 소녀를 상정해보자. 또 그 소녀가 정신적 외상(trauma)에 시달려서 아기를 학대하고, 몇 년 후 길거리에 버렸다고 가정해보자. 아기는 태생적으로 시각장애를 가지고 있었고, 어머니의 학대로 인해 청각장애까지 왔다고 가정해보자. 물론 가상의 예이기 때문에, 이 예는 필요 이상으로 극단적이다. 그러나 이러한 가능성에도 불구하고 인간의 생명은 신성하기 때문에 낙태보다 지켜야 할 더 큰 의무가 있다고 생각하든지, 아니면 결과적으로 그래도 낙태보다 아이를 기르는 것이 좋다고 본다든지, 그것도 아니면 아이가 태어나서 어떠한 경험을 하는 것은 낙태 결정과 별개의 논의라고 여긴다고 한다면, 당신은 자연적 창조력 입장에 가깝다. 반면, 예에서처럼 극단적인 삶이 예상된다면, 안타까운 일이지만, 그리고 반드시 그 결정이 선하다고 말하기는 어렵지만 어떤 예외를 고려해봐야 하지 않을까 하고 생각한다면 인위적 창조력에 가깝다고 생각된다.

종교성이란 무엇인가

드워킨은 인간의 생명의 내재적 가치에 대한 신념은 본질적으로 종교적 성격을 가지고 있다고 본다. 드워킨의 설명에 의하면, 모든 종교가 신을 상정할 이유가 없다. 드워킨은 1965년 United States v. Seeger를 설명하면서, 비신적 종교(Non-theistic religion), 즉 신의 존재와 관련 없는 '신앙'을 갖는 경우에도 양심적 병역거부를 인정한 사례를 통해 종교의 개념이 사회적 의미에서 확대되었다는 것을 지적한다.

종교에 반드시 신이 존재해야 하는가? 종교의 개념 정의를 어디까지로 보아야 하는가? 드워킨은 종교와 단순한 신념을 구분하여 설명하지만, 종교의 개념 확대에 대해서는 더 깊은 연구가 필요해 보인다. 분명한 것은 세계관의 충돌이라는 것이다. 생명이 왜 중요하고, 인생의 의미가 무엇이며, 삶을 어떻게 영위해야 하는지에 대해서 생각의 차이가 있을 때 낙태에 대해서도 견해를 달리할 수 있다는 것이다. 과연 이러한 면모를 종교성이라고 라벨(label)을 붙일 수 있는지 더 많은 논의가 필요하겠지만, 인생과 우주에 대한 생각이 다른 경우 낙태에 대해서도 견해를 달리 한다는 데에는 동의할 수 있다.

드워킨은 결국 이러한 종교성에 초점을 맞추어 낙태의 법적 문제를 해결한다. 즉, 정교분리원칙을 고수하는 미국헌법을 들면서, 이러한 종교적 문제에 대해서는 국가는 중립을 유지해야 한다는 입장을 취하여 형식적으로는 자연적 창조력이나 인위적 창조력 어느 하나를 택하지 않지만, 결과론적으로는 낙태를 허용하여 인위적 창조력에 무게를 실어주는 듯하다.

다시, 생명이란 무엇인가?

생명이란 무엇인가? 태어난 그 자체가 생명인가? 아니면 삶을 살아가는 것이 생명에 포함되어 있는가? 영어로는 둘 다 'Life'라는 하나의 단어로 표현될 수 있다. 어찌 보면, 낙태 문제는 생명이라는 단어에 무엇을 얼마만큼 담는가의 문제일 수도 있다. 당신은 생명의 무게와 삶의 무게를 어떻게 저울질하겠는가? 로널드 드워킨의 글과 박찬운 교수님의 '명저 강의'는 이 엄숙하고도 중요한 문제 저변을 건드리고 있다. 단순히 하나의 사회적 문제로서 낙태가 아니라, 도대체 나는 생명과 삶을 어떤 의미로 받아들이고 있는가?

우리에게도
자랑스러운 문화가 있다

오주석

우리는 서울 거리를 걸어 다닐 때마다 멋없는 서울을 보고 탄식한다. 문화의 냄새가 나지 않는다는 말이다. 더욱이 가장 기초적인 것에서조차 엉망이면 우리의 탄식은 절망으로 바뀐다. 그리고 그것을 문화의 탓으로 돌리며 우리는 어쩔 수 없는 민족이라고 자학한다. 과연 우리는 어쩔 수 없는 민족인가. 제15강에서는 이러한 자학이 전혀 근거 없다는 것을 강조한다. 애석하게 일찍 세상을 떠난 오주석이 우리 문화를 말한다. 우리에게도 세상 어디에 내놓아도 자랑스러운 문화가 있었음을 그의 구수한 옛 그림 이야기를 통해 들어보자.

우리에게 문화가 없다고? 천만의 말씀

『오주석의 한국의 美 특강』에서 읽는 우리 문화의 저력

우리에게 문화가 있다고?

이번 강의에서는 문화와 관련된 이야기를 좀 해야겠다. 이 글을 읽는 독자 중에는 공감하지 않는 사람도 있겠지만 나는 우리의 문화에 대단히 비판적이다. 나는 주말마다 서울 곳곳을 걸어 다니는 것으로 취미 생활을 대신한다. 그런데 시내를 돌아다니다 보면 무엇인가 한참 잘못되었음을 느낀다. 문화에 안목도 없이 그저 외형적 물량주의에 도배된 서울이 나같이 평범한 사람의 눈에도 너무나 쉽게 들어오기 때문이다. 이럴 때는 오늘의 서울을 만드는 데 결정적인 역할을 해온 우리 정치인들의 그 몰상식에 한탄이 절로 나온다.

나는 오세훈 시장에게 상당히 기대를 건 사람이다. 역대 가장 젊은 시장으로 취임한 그가 곧잘 환경과 문화를 이야기를 하는 것이 과거의 정치인들과는 달리 보였기 때문이었을 것이다. 그가 심혈을 기울여왔다는 광화문 중앙광장, 디자인 도시, 한강 르네상스 프로젝트 등을 보

라. 오 시장은 모든 것에 우선하여 이들 문화 사업을 추진해왔다. 자신을 문화시장이라 자리매김한 것이 틀림없다. 그런데 이제 나는 오 시장의 문화정책을 심히 비판하지 않을 수 없다. 그의 문화정책에서 일관된 문화의식을 도대체 읽을 수 없기 때문이다. 그가 지난 몇 년간 해온 일들이 전임자들이 해온 전시행정과 무엇이 다르다는 말인가.

요즘 서울은 걷기 열풍이다. 좋은 일이다. 자동차 문화보다 걷는 문화는 이제 분명히 선진국형 문화로 이해된다. 자전거 문화도 마찬가지다. 그렇다면 서울이라는 도시가 제대로 걸을 수 있고, 자전거를 탈 수 있는 곳인가. 서울의 인도는 세계적 도시치고는 너무 좁다. 주요 간선도로변을 제외하고는 대부분 마주 보고 오는 이와 어깨를 부딪칠 정도다. 서울의 대부분 도로에 여기저기 자전거 도로 표시는 되어 있지만, 자세히 보면 완전히 탁상행정의 본보기다. 도대체 몇 미터도 안 가서 장애물이 나타나고 도로가 끊어져 있는데 어떻게 자전거를 타라는 것인가.

그뿐인가. 보도블록은 어디를 가도 깨져 있고, 주저앉아 있다. 간판 정리를 한다고 하면서도 서울의 상가 건물 99%는 아직도 건물 외벽을 온갖 어지러운 간판으로 도배하고 있다. 광화문의 중앙광장은 더 이상 광장이 아니다. 그것은 세계에서 가장 큰 중앙분리대에 불과하다. 아무런 문화적 감각도 찾을 수 없다. 나는 이 서울에서 문화의 냄새를 맡을 수가 없다.

문화라는 것이 그렇게도 어려운 것인가?

문화를 너무 어렵게 생각하는 것이 문제다. 문화는 그렇게 어려운 것이 아닌데 말이다. 문화는 사람을 생각하는 것이다. 걸어 다니는 데 인도가 좁아 걷기 불편한 것, 그것은 문화가 아니다. 걸어가다 보면 인도는 끊어지고 지하도로 들어가라 한다. 이것도 문화가 아니다. 차가 사람보다 더 귀할 순 없기 때문이다.

문화란 시끌벅적한 것이 아니요, 그 자체의 조용한 멋이다. 그런 면에서 문화는 인간과 자연과의 조화다. 자연은 하늘이 준 것으로 그 본질을 훼손하는 것은 인간이 할 일이 아니다. 자연을 보존하면서 인간이 그 속에서 조화롭게 살 수 있는 길을 찾는 것, 그것이 바른 문화다. 무조건 깨 부시고, 거대한 것을 세우는 식의 개발주의적 문화는 문화를 빙자한 파괴다.

서울의 건물들을 보라. 하루가 다르게 하늘을 채우고 있지만 거기에서 어떤 문화를 읽을 수 있는가. 거기에서 어떤 건축 철학을 읽을 수 있는가. 우리나라는 건설만 있지 건축은 없다는 말이 있다. 맞는 말이다. 모든 건물이 천편일률적으로 똑같다. 기능만 앞세우지 도대체 미적 요소나 자연과의 친화 같은 문화적 요소는 도통 찾을 수가 없다.

그러니 어떤 건물도, 서울을 대표하는 소위 랜드마크 건물이라 할지라도, 우리는 그것을 만든 건설회사는 알아도 그것을 설계한 건축가는 모른다. 한국에서 가장 크다는 건물인 삼성동 코엑스 빌딩은 누가 설계를 했는지, 도곡동의 거대 주거 공간 타워팰리스는 누구의 작품인지, 알 수가 없다.

말이 나왔으니 한마디 더 하자. 이 나라는 건축가나 건축 장인들을 너무나 홀대한다. 수년간 복원에 힘써 마침내 조선 궁궐의 위용을 갖춘 경복궁을 세상에 선보일 때도 이를 총지휘한 대목장의 이름이 나오지 않는다. 화려한 복원행사에 경복궁을 복원한 대목수들이 주빈으로 초대되어 그들의 노고를 치하 받았다는 말을 들은 적이 없다. 이러니 한국에서 사그라다 파밀리아(성가족 성당)를 설계하여 전 세계 관광객을 바르셀로나로 모으는 스페인의 안토니 가우디나 노출 콘크리트를 사용하여 자연과 건물을 하나로 만든 일본의 안도 타다오가 나올 수 있겠는가.

문화는 정성을 기울인 마음 자세

사상누각 위에 문화는 존재하지 않는다. 문화를 향유하기 위해서는 튼튼한 기초가 있어야 한다. 로마인들이 만든 로마가도는 1,000년을 갔다. 그 이유는 길을 만드는 방법에 있었다. 시오노 나나미의 『로마인 이야기』 제10권을 보면 거기에는 로마인들의 길 만드는 법이 나와 있다. 로마인들은 길을 만들 때 1미터 이상을 판 뒤 주먹만 한 자갈을 깔고, 그 위에 작은 크기의 잡석을 넣은 다음, 또 그 위에 석회석 등을 잘게 부순 돌가루를 채우고 마지막으로 마름모꼴의 석판을 깔았다. 석판과 석판 사이가 얼마나 정교했는지 머리카락 하나 들어갈 틈도 없었다고 한다. 기회가 되면 로마에 가보시라. 2,000년 전에 만들어진 아피아 가도를 볼 것인데, 내 설명이 결코 거짓이 아님을 알게 될 것이다.

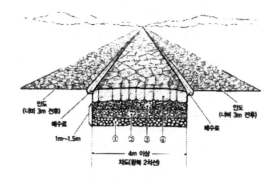

로마가도 기본형 ① 최하층: 지표면에서 1미터 내지 1.5미터를 파고 내려가 최소한 30센티미터의 높이로 자갈을 깐다. ② 제2층: 돌과 자갈, 점토를 섞어서 깐다. ③ 제3층: 인위적으로 잘게 부순 돌멩이를 아치형으로 채워 넣는다. ④ 최상층: 접합면이 딱 들어맞도록 사방 70센티미터의 마름모 돌을 빈틈없이 깐다.

ⓒ 시오노나나미, 『로마인 이야기』(10권)

고대 로마가도의 모습을 볼 수 있는 로마 교외의 아피아 가도

ⓒ Radoslaw Botev

우리는 어떤가. 나는 가끔 시내를 돌아다니다 보도블록을 까는 현장을 지나칠 때면 위의 로마가도가 생각나 잠시 걸음을 멈추고 공사현장

을 살펴본다. 그런데 기술자가 아닌 내 눈에도 우리의 보도블록 까는 방법은 그저 놀라움 자체다. 그 방법은 대체로 이렇다. 우선 땅을 그냥 대충 다진다. 그런 다음 그 위에 모래를 뿌린다. 그리고 그것을 펴고 그 위에 블록을 적당히 얹어 놓는다. 그게 끝이다. 초등학생도 의아하게 생각할 만한 그런 방법, 그것이 대한민국의 보도블록 까는 현실이다.

그러니 비만 한 번 내리면 내려앉을 수밖에 없지 않는가. 대한민국 수도 서울 이곳저곳의 보도블록이 대체로 이런 방법으로 깔아졌다. 일 년에 수백억 원을 보도블록에 투자하면서도 그 공법은 로마인이 보면 기겁을 할 방법이다. 로마인들이 만일 이렇게 공사를 했더라면 그 감독자는 죽음을 면치 못했을 것이다.

왜 우리는 이다지도 기초가 없는가. 우리는 언제까지 이렇게 풋내기 아마추어리즘을 넘지 못할 것인가. 조상 탓을 해야 하는가. 누구는 그 모든 것이 20세기의 일제의 식민문화와 한국전쟁에서 비롯되었다고 말한다. 틀린 말은 아니다. 우리 선배들이 당한 고통이 너무 컸다. 그러니 이 조그만 나라에서 사람들은 생존하기 위해 체면을 버려야 했다. 생존에 필요한 물질과 힘만이 찬양되었다. 그러니 무슨 문화냐, 무슨 기초냐, 다 배부른 소리다, 이렇게 말할 수 있으리라.

하지만 우리가 언제까지 모든 것을 과거의 책임으로 돌리며 살아가야 할까. 이제 해방된 지 곧 70년이요, 한국전쟁의 포성도 멈춘 지 60년이다. 이 정도 시간이면 족하다. 이제는 좀 주변을 돌아보며 진짜 행복이 무엇인지, 진짜 아름다움이 무엇인지, 진짜 우리가 갖추어야 할 기초가 무엇인지 생각하며 살아가야 할 때가 왔다.

『오주석의 한국의 美 특강』에서 읽는 문화적 자존심

서울의 거리를 걸어 다니면서 대한민국의 헐벗은 문화에 한탄을 한 사람이라면 이제 한 권의 책을 읽어보자. 『오주석의 한국의 美 특강』 (이하 『한국의 미』)이다. 이 책은 우리의 고미술에 관한 책이다. 하지만 단순한 고미술 해설서가 아니다. 이 책을 읽으면 우리에게도 자랑스러운 문화가 있었다는 사실에서 한국인으로서의 긍지를 느낄 수 있다. 우리 조상의 격조 높은 문화의식과 예술적 경지를 새롭게 만날 수 있기 때문이다.

물론 내게는 우리의 문화유산 중에서 항상 자랑하는 것이 있다. 해인사 장경각에 있는 팔만대장경이 그것이요, 조선시대 역사를 손바닥 위에 올려놓고 볼 수 있는 우리 기록유산의 보고 조선왕조실록과 승정원일기가 또 그것이다. 그뿐인가. 한글은 우리가 세계 문화사에 내놓을 수 있는 최고의 무형문화재로 나는 오래 전부터 한글날을 민족 최고의 국경일로 정해야 한다고 주장했던 사람이다.

그런데 『한국의 미』는 내게 조상이 그린 한 폭의 그림을 통해서도 이 땅이 문화국가였음을 알려준 아주 특별한 책이다. 이 책은 나로 하여금 지난 몇 년 동안 박물관이나 미술관에 갈 때마다 고미술 전람실로 발걸음을 향하게 만들어주었다. 나는 가끔 『한국의 미』 이외에도 같은 저자가 쓴 『옛 그림 읽기의 즐거움(1, 2)』과 『그림 속에 노닐다』를 읽어보는데, 그럴 때마다 조선시대 우리 문인들이 그려낸 이 땅의 풍경과 인물들에게서 문화의 향기를 듬뿍 맡곤 한다. 그럴 때면 조선 땅에서 태어난 것이 행복하다.

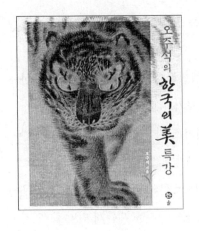

『한국의 미』를 더 이야기하기 전에 이 책의 저자 오주석에 대해 잠시 이야기해야겠다. 그는 우리 고미술계가 낳은 걸출한 미술사가였다. 그런데 그는 49세의 나이인 지난 2005년 불치의 병으로 우리의 곁을 떠났다. 참으로 애석한 일이다. 그는 내가 본 어떤 한국 미술사가보다 보편적 지식인으로 세계의 문화사적 틀 속에서 우리의 문화를 이야기할 수 있는 사람이었다.

그가 우리의 고미술 작품을 보면서 그 작품의 예술성을 전달하는 능력은 타에 추종을 불허했다. 언변도 좋을 뿐만 아니라 내용 하나하나가 청중의 공감을 불러일으키는 것이었다. 『한국의 미』는 그런 그의 능력을 독보적으로 보여주는 책이다. 이 책은 원래 글로 시작한 것이 아니라 강의 그 자체를 녹음한 것이었기에, 독자는 사실 그의 글을 읽는 것이 아니라 그의 구수한 말을 듣는 것이나 마찬가지다.

우리에게 문화가 없다고?

나는 『한국의 미』를 고미술사적 관점에서 읽고 이를 평할 능력이 없다. 그저 평범한 교양인의 입장에서 그 책을 읽으면서 느낀 점을 말할 뿐이다. 앞에서도 말했지만 현재 우리 주변은 그저 대충주의가 만연되어 있다. 그래서 나를 비롯하여 많은 이들은 이것이 우리 문화의 소산인 줄로만 알고 자연스럽게 우리 자신을 가학한다. 이것이 발전하면 소위 엽전의식이다. 이것은 한국 사람들은 어쩔 수 없다는 체념이나 마찬가지다.

그런데 『한국의 미』는 나의 그런 체념을 현저히 약화시켰다. 우리 문화는 원래 그런 엽전의식과는 전혀 관련이 없다는 것이다. 우리 문화가 얼마나 섬세한지, 그것을 만들어온 우리 선조의 자세가 얼마나 대단했는지를 작품을 통해 증명한다. 이 중에서 두어 가지만 여기에서 소개해보자.

섬세함의 종결자 「송하맹호도」

단원 김홍도의 「송하맹호도」. 이것은 현재 호암미술관에 소장된 작품이다. 소나무 아래 호랑이가 어슬렁거리는 모습을 포착한 그림이다. 당당하고 의젓한 몸짓이 역시 맹수의 왕답다. 이것이 바로 200년 전 조선 호랑이의 위용이다. 오주석은 이 그림에 대해 단연 세계 최고의 호랑이 그림이라고 하면서 그것은 절대 과장이 아니라고 목에 힘을 준다.

무엇 때문에? 호랑이를 표현한 붓의 섬세함 때문이다. 현대 화가들이 결코 흉내 낼 수 없는, 요즘 시쳇말로 섬세함의 종결자를 이 그림을 통해 볼 수 있다는 것이다. 호랑이 터럭 한올 한올을 잔바늘 같은 붓질로 수천 번이나 반복해 그려낸, 그야말로 경이적인 예술품이라는 것이다. 그의 말을 직접 들어보자.

…… 그런데 이 그림 어떻게 그렸을까요. 자세히 보십시오! 정말 대단

「송하맹호도(松下猛虎圖)」와 「송하맹호도」의 호랑이 부분 세부

김홍도, 비단에 채색, 90.4*43.8㎝, 호암미술관 소장

하지요? 제가 15cm도 안 되는, 호랑이 머리 부분만을 확대했는데 이렇게 실바늘 같은 선을 수천 번이나 반복해서 그렸습니다. 이건 숫제 집에서 쓰는 반짇고리 속의 제일 가는 바늘보다도 더 가는 획입니다. 이런 그림을 그려낼 수 있는 화가는 지금 우리 세상에 없습니다. 웬만한 화가는 저 다리 한 짝만 그려보라고 해도 혀를 내두를 것입니다. …… 흔히 '한국 사람은 일하는 게 대충대충이야' 하는 얘기, 어려서부터 많이 들으셨죠? …… 이른바 조선 사람의 '엽전의식'은 순전히 일제가 날조한 것입니다. 사실은 전혀 다릅니다! 119~120쪽

이런 설명을 듣고 이 그림을 보자. 좀 달리 보이지 않는가? 말이 나왔으니 한마디 더 하자. 우리 조상들은 일찍이 2,000년 전에 잔줄무늬 청동거울을 만들었다. 직경 21.2cm의 원 속에 0.3mm짜리 가는 선을 자그마치 1만 3,300개나 직선과 동심원으로 그려 넣었다. 이것은 오늘날 일급 제도사가 20일 동안 꼬박 작업해야 완성할 수 있는 초정밀 디자인이다. 그만큼 우리 조상의 정교함은 타의 추종을 불허했던 것이다.

인류 회화의 최정상급 초상화 「전(傳) 이재초상」과 「이채초상」

다음으로 초상화 두 점을 보자. 「전 이재초상」과 「이채초상」이다. 모두 국립중앙박물관에 가면 볼 수 있는 작품이다. 「전 이재초상」은 조선 숙종 때의 학자인 이재의 초상화로 알려진 작품이다. 그렇지만 그림 어디에도 이재의 초상화란 말이 없이 그저 전해오는 작품인데, 고미술 학자들 사이에서는 초상화의 주인공이 진짜 이재인지 의견이 분분하다.

「이채초상」은 작품상으로 이채의 초상화임이 분명하니 위와 같은 논란은 없다. 만일 「전 이재초상」이 전해오는 대로 이재의 초상화라면 이채는 이재의 손자가 되고, 여기에서 보는 두 작품은 할아버지(이재)와 손자(이채)를 따로따로 그린 초상화라 할 수 있다.

오주석은 이들 그림을 이야기하면서 위에서 본 「송하맹호도」에서 한 것과 유사한 말을 한다. 이들 초상화가 인류 회화를 통틀어 최정상급 초상화라는 것이다. 그러면서 초상화로 유명한 렘브란트를 빗대 그의 초상이 이 그림들보다 낫다고 볼 근거는 전혀 없다고 한다. 예술 수준으로는 분명 최정상의 예술품으로 렘브란트에 한 치도 밀리지 않는다는 것이다. 과연 그런가?

오주석이 이들 초상화를 보면서 높이 평가하는 것은 이 초상화들이 극사실주의에 입각해 인물의 절대적 존재감을 그대로 표현했기 때문이다. 아까 본 김홍도의 「송하맹호도」가 약간은 상상의 공간과 객체 — 호랑이를 보았다 해도 어느 특정 호랑이가 소나무 아래에서 어슬렁거리는 모습을 직접 보고 그리지는 않았을 것이다 — 를 사실감 있게 보여주었다면 이들 초상화는 그림의 주인공을 앞에 두고 그것을 그대로, 절대적으로 표현한 것이다. 오주석이 「전 이재초상」에 대해 표현한 부분을 읽어보자.

…… 노인 피부의 메마른 질감이 분명히 느껴지죠? 그리고 이 수염의 묘사가 정말 놀랍습니다. 내려오면서 이리저리 꺾여지는가 하면 굵고 가는 낱낱의 수염이 비틀리면서 굵었다 가늘었다 합니다. 이런 표현, 지금 현대 화가들은 도저히 흉내도 못 냅니다. …… 더구나 이 수염들은 그냥 붙어 있는 게 아니라 피부를 뚫고 나왔지요! …… 속눈썹이며 눈시울이며 동공의 홍채까지, 서양화에서도 보기 어려운 극사실 묘사입니다. 언뜻 서양화가 굉장히 사실적인 것처럼 보이지만, 이런 세부는 우리 옛 그림이 더욱 사실적입니다. 171~172쪽

내가 이 두 초상화를 보면서 더욱 놀란 것은 오주석이 이 두 초상화가 사실 한 사람을 그린 것이라고 주장을 했다는 점이다. 즉, 오주석은 「전 이재초상」은 이재의 초상화가 아니라 그의 손자인 이채의 노년의 모습이라는 것이다. 도대체 무엇을 근거로 그런 주장을 했을까. 그것이 재미있다. 오주석의 집요한 관찰과 그에 기초한 전문가의 감정이 그 주

좌_「전(傳) 이재초상」 작가미상, 비단에 채색, 97.9*56.4㎝, 국립중앙박물관 소장

우_「이채초상」 작가미상, 비단에 채색, 99.2*58.0㎝, 국립중앙박물관 소장

장을 뒷받침하는 데 결정적이었다. 그런데 이런 주장 모두가 그림의 사
실적 묘사에서 비롯된 것이다.

오주석은 두 초상화 주인공의 이목구비가 비슷한 것을 발견하고 얼
굴 학자인 당시 서울교대의 조용진 교수에게 감정을 의뢰한다. 그 결과
두 초상화의 주인공은 해부학적 동일인임이 밝혀진다. 이목구비의 비
례수치가 일치한다는 것이다. 그는 거기에 만족하지 않고 아주대 의대
이성낙 교수에게 의뢰하여 두 초상화의 피부과적 소견을 들어본다. 그
결과 귓불 앞의 점이 같을 뿐만 아니라 눈가며 이마의 주름까지 같고
게다가 노인성 피부병인 검버섯도 같은 곳에서 확인되었다. 그러니 이

두 초상화는 한 사람을 그렸다고 할 수밖에 없지 않은가. 「이채초상」
은 그 초상화의 주인공이 분명 이채니 두 초상화 모두 「이채초상」이
되는 것이다.

사실화, 특히 초상화는 동서양을 막론하고 사실적이다. 극사실화가
많다. 그러나 우리 조선의 극사실화는 세계 어느 나라의 극사실화로서
의 초상화와도 다른 경지다. 한마디로 엄정한 회화 정신의 표현이다.
얼굴의 흐릿한 검버섯마저 그대로 그리는 진실성이 우리 초상화에는
있었던 것이다. 아무리 중국의 초상화가 사실적이라고 해도 병명을 진
단할 정도로 사실적이지는 못했다. 겉보기는 같지만 조선과 중국 사이
에는 엄밀성에 있어 그 차이가 엄연히 존재했던 것이다.

『한국의 미』에서 얻는 문화 철학

앞에서도 이야기했지만 우리의 문화는 지금 좌표가 없다. 그저 물질
만능주의가 판을 친다고나 할까. 아무런 기초도, 철학도 없이 건물만
지어댄다. 도통 사람과 자연의 관계를 생각하지 않는다. 예술가 정신
도, 장인 정신도 찾아보기 어렵다.

단원 김홍도가 그린 「송하맹호도」에서 본 호랑이 그림의 그 섬세함
은 단순한 손재주가 아니다. 절대적인 정신세계를 갖지 않은 이가 도저
히 표현할 수 없는 경지였다. 「이채초상」에서 보았던 검버섯까지 표현
하려고 했던 그 절대 묘사도 마찬가지다.

우리에겐 이런 전통이 있다. 그 전통이 우리에게 면면히 이어지기만

한다면 우리의 문화는 전혀 다른 차원에서 논의될 것이다. 그러려면 어떻게 해야 하는가. 오주석은 『한국의 미』 말미에서 이렇게 말한다.

지금 한국 문화는 겉보기에는 화려한 듯싶으나 내실을 살펴보면 주체성의 혼란, 방법론의 혼미로 우리 정서와 유리된 거친 들판의 가시밭길을 헤매고 있다. 법고창신(法古創新)이라야 한다! 문화는 선인들의 과거를 성실하게 배워 발전적 미래를 이어가는 재창조 과정이다. 문화의 꽃은 무엇보다도 우리 시대가 김홍도 못지않은 훌륭한 사회를 이룰 때에만 피어난다. 무엇보다 근본적으로 우리의 삶 그 자체가 아름다워져야 한다. 맺는말에서

이와 함께 우리 모두가 문화에 대해 나름의 안목을 가져야겠다. 이것은 학력의 문제가 아니다. 대학을 나와야 가질 수 있는 지식의 문제가 아니다. 아무리 가방 끈이 짧다 해도 그런 안목은 가질 수 있다. 이것은 품격의 문제다. 그것이 없이는 우리의 문화가 발전할 수 없다. 오주석은 이를 『한국의 미』 서문에서 이렇게 역설했다.

문화인, 예술가들이 아무리 피나는 노력을 해도, 한 나라의 문화 수준이란 결국 그것의 터전을 낳고 함께 즐기는 전체 국민의 안목만큼, 정확히 그 눈높이만큼만 올라설 수 있다. '책을 펴내며' 중에서

문화에 대한 안목은 내가 하는 일에 대한 자긍심과 깊이 관련이 있다. 자긍심이 없는 민족은 어떤 문화도 발전시킬 수 없기 때문이다. 그

런 면에서 문화인은 자신의 일을 존중하고 거기에서 삶의 향기를 느낄 수 있어야 한다. 그것은 아주 소박해도 좋다. 칼국수 집 주인이 자신이 만든 칼국수 한 가닥에 자신의 삶을 던질 수 있다고 한다면 그는 자신의 일에 자긍심을 갖는 사람이다. 이런 사람은 "돈 벌면 당장 때려치우겠다, 나는 이런 일을 자식에게 넘기지 않겠다"라는 말을 결코 하지 않는다. 대신 그는 "내가 만드는 칼국수는 대한민국 최고의 칼국수다, 다른 것은 몰라도 내가 칼국수 만드는 것에서는 어느 누구와도 비교할 수 없는 최고의 고수다"라고 말한다. 우리에겐 이런 자존심이 필요하다.

그러면 그 칼국수는 혼이 담긴 칼국수가 된다. 대통령이라도, 어느 재벌 회장이라도 결코 무시할 수 없는, 나는 칼국수의 제왕이다 하는 마음가짐을 갖고 사는 사람, 나는 그를 칼국수의 철학을 가진 사람이라 부르겠다. 그런 사람의 삶에서 우리는 삶의 아름다움을 발견한다. 그것이 바로 우리 문화를 한 단계 높이는 진정한 문화적 자존심이고 정치인들의 무분별한 전시행정을 막을 수 있는 우리 국민의 진정한 힘이다.

오주석은 누구인가

오주석은 1956년 수원에서 출생했다. 서울대 동양사학과를 졸업하고 동 대학원에서 고고미술사를 전공했다. 그의 석사학위논문은 단원 김홍도와 동갑내기 화원이었던 이인문의 「강산무진도」를 연구한 것이었다. 대학원을 졸업한 후 영자신문 ≪코리아헤럴드≫에서 문화부 기자로 일했고 이어 호암미술관과 국립중앙박물관에서 학예연구원을 지냈다. 간송미술관의 연구위원으로 있으면서 그곳의 터줏대감 최완수 선생 등과 깊은 교유를 했다.

오주석의 지인들은 그가 인문과학 전반에 걸쳐 단단한 기본과 소양을 갖춘 것으로 평가한다. 영자신문에서 기자로 일할 정도의 영어 실력, 뛰어난 한문 해독 능력 그리고 역사 전공에서 온 동아시아 전체를 아우르는 보편사관은 단순한 미술 감상 차원이 아닌 시대배경에 대한 이해를 바탕으로 한 종합적인 미술 이해를 가능케 했다.

오주석은 특히 단원 김홍도를 좋아했다. 그의 연구를 통해 단원은 화원(화가)을 넘어 문필가로서, 관리로서의 삶이 복원되었다. 그러니 누구의 말처럼 '오주석에 의해 김홍도가 호사하게 되었다'는 평은 결코 과장이 아니다.

그가 한국 고미술에 관해 열정을 쏟은 것은 그가 열정적으로 내놓은 몇 권의 책을 통해서도 알 수 있다. 2003년 출간된 『오주석의 한국의 美 특강』을 비롯하여 『오주석의 옛 그림 읽기의 즐거움(1, 2)』, 『단원 김홍도』 등과 사후에 출간된 『그림 속에 노닐다』가 바로 그것들이다.

오주석은 애석하게도 갑작스럽게 세상과 하직했다. 불치의 병마와 싸우다 2005년 향년 49세로 타계한 것이다. 그의 죽음은 뛰어난 미술사학자 한 사람을 잃은 슬픔 이상의 슬픔을 많은 사람들에게 안겨주었다.

제 *16* 강

지식인의 책무는
무엇인가

Noam Chomsky

나는 첫 번째 '명저 강의'를 통해 버트런드 러셀을 이야기했다. 그의 세 가지 열정은 우리 젊은이들에게 강한 영감을 선사한다. 이제 나는 이 '명저 강의'를 마치면서 또 다른 러셀을 이야기하고자 한다. 노엄 촘스키다. 20세기 전반이 러셀의 세기였다면 후반은 촘스키의 세기로 역사는 기록할 것이라 믿는다. 그의 끝없는 도전을 통해 우리들은 지식인이 어떠한 사회적 책무를 갖아야 하는지를 깨달을 수 있을 것이다. 이 강의에서는 러셀 강의에서처럼 한 권의 책을 소개하기보다 다음과 같은 책들을 추천하고자 한다.

추천도서: 『촘스키, 끝없는 도전』(로버트 바시키 지음, 장영준), 『촘스키, 사상의 향연』(C. P 오테로 엮음, 이종인 옮김), 『지식인의 책무』(강주헌 옮김)

"진실을 말하라", 그것이 지식인의 책무다

끝없는 도전, 노엄 촘스키

촘스키, 축하 파티에 재를 뿌리다

9·11사건을 일으킨 수괴로 일컬어지고 있던 오사마 빈 라덴이 2011년 5월 1일(미국 동부 시간) 미군에 의해 사살되었다. 9·11사건이 일어난 지 10년 만이다. 미국은 온통 축제 분위기다. 이 소식을 접한 다수의 미국 시민들은 뉴욕 맨해튼 거리로 나와 환호성을 질렀다. "우리는 그를 잡았다!(We got him!)"

미국 정계도 축제 분위기다. 미 상원은 5월 3일 성공적인 작전을 펼친 미군 및 정보기관에 찬사를 보내는 결의안을 통과시켰다. 이날 결의안은 모처럼 민주, 공화 양당이 정파적 입장을 접은 가운데 표결 참석 의원 전원(97명)의 만장일치 찬성으로 통과되었다. 결의안은 "빈 라덴을 사살한 임무를 수행한 군 및 정보기관 관계자들에게 존경을 보낸다"라며 성공적인 임무 수행을 축하했다. 오랜만에 미국이 살판났다.

그런데 5월 7일 미국의 대안 언론인 ≪커먼 드림즈≫에 글 하나가

실렸다. 글머리에 굵은 글씨로 이렇게 쓰여 있었다. "만약 이라크 특공대가 조지 부시의 집에 침투해 부시를 암살하고 그 시신을 대서양에 버렸다면 어떻게 반응할 것인지 우리는 자문해야 할지도 모른다." 한마디로 축하 파티에 재를 뿌리는 글이다. 누가 이런 글을 썼다는 말인가.

그 글의 주인공이 바로 노엄 촘스키이다. 그는 오사마 빈 라덴 사살후 축제 분위기에 있는 미국 사회에 대해 일격을 가했다. 그는 이 짧은 글을 통해 미국 정부의 오사마 빈 라덴 사살은 계획된 살해이며, 이것은 명백한 국제법 위반이라고 지적했다.

과연 촘스키다. 미국의 지성이자 양심으로 통하는 그가 결국 할 말을 한 것이다. 이런 말이 얼마나 어려운지 우리는 안다. 보라, 우리의 주류언론을. 나는 위 사태가 발생하고 몇 주가 지난 현 시점에서 주류언론이 미국의 행위가 명백히 국제법을 위반했다고 지적한 기사를 보지 못했다.

미국의 오사마 빈 라덴의 살해는 두 가지 면에서 명백한 국제법 위반이었다. 첫째는 미국이 파키스탄의 동의 없이 그 영내에서 군사작전을 폈다는 것이다. 이는 국제법상 용납할 수 없는 영토주권의 침해이다. 둘째는 비무장의 상태에 있는 오사마 빈 라덴을 생포할 수 있었음에도 불구하고 의도적으로 사살했다는 점이다. 그가 아무리 9·11테러의 주범 용의자라 하더라도 이 같은 행위는 누구나 재판받지 않고서는 처벌되지 않는다는 국제인권법의 원칙을 어긴 것이다.

국내에서도 미국의 행위가 국제법에 위반된 용납될 수 없는 행위라고 보는 시각이 분명히 존재함에도 불구하고 이러한 주장들이 주류언론에 의해 제대로 소개조차 안 되는 것은 어떤 연유인가. 우리의 주류

언론은 왜 이런 진실을 말하지 않을까. 주류언론에 종사하는 언론인들은 대개가 일류대학을 나온 사람들이요, 외국물을 먹은 이들이다. 한마디로 잘 나가는 이 땅의 선민들이다. 그럼에도 왜 이들은 진실을 말하지 않을까.

지식인의 책무를 생각한다

나는 촘스키를 보면서 지식인의 책무를 생각한다. 도대체 지식인이라는 게 무엇이고 이 시대에 어떤 책임을 져야 하는가. 지식인은 그게 운인지 자신의 부단한 노력의 결과인지는 모르지만 한 사회에서 특별한 책임의식을 가져야 하는 사람들이 분명하다. 어쨌거나 그들은 좋은 교육을 받았고 사회로부터 특별한 혜택을 받고 살아가는 사람들이 아닌가.

촘스키는 지식인의 책무는 무엇인가 하는 질문에 대해 이렇게 말한다. "지식인의 책무는 진실을 말하는 것이다!"라고(『지식인의 책무』, 15쪽). 그는 이어서 이렇게 부연한다. "도덕적 행위자로서 지식인이 갖는 책무는 '인간사에 중대한 의미를 갖는 문제'에 대한 진실을 '그 문제에 대해 뭔가를 해낼 수 있는 대중'에게 알리려고 노력하는 것이다"(『지식인의 책무』, 16쪽).

촘스키는 '행동하는 지식인'이라는 신념하에 지난 반세기 동안 한결같이 쓴 소리를 하면서 살아왔다. 그렇다 보니 그에겐 온갖 괴상한 수식어가 붙어 다닌다. 우리 식으로 말하면 좌파 중의 좌파요, 빨갱이 중

의 빨갱이다. 그럼에도 그는 신념을 꺾지 않고 살아왔다. 우리가 존경하지 않을 수 없는 이유이다. 미국과 같은 자유의 나라에서 이런 오명을 쓰고 산다는 것은 어떻게 보면 독재국가에서 탄압받고 사는 지식인보다 더 어려울지도 모른다. 도도히 흐르는 강물을 거슬러 올라가는 조그만 돛단배를 생각해보라. 바로 그가 촘스키다.

촘스키는 어떻게 그런 사람이 되었는가

촘스키를 생각하면 나는 늘 의문이 든다. 어떻게 그는 그런 사람이 될 수 있었을까. 이런 의문을 품고 그의 전기를 유심히 읽어보았다. 유년시절부터 보여준 영특함에서인가. 아니다. 천재라고 해서 모두가 세상을 보는 예민함과 통찰력이 있다고 할 수는 없지 않은가. 그에겐 무엇인가 남다름이 있고, 그것은 남다른 그의 과거가 있었기에 가능했다. 그게 무엇일까.

첫 번째는 부모로부터의 영향이다. 그는 뛰어난 부모를 두었고, 그것은 그의 영특함을 지식인의 특별한 책무로 바꾸어 놓는 데 기초를 쌓아주었다. 촘스키의 아버지 윌리엄 촘스키는 20세기 초 러시아를 떠나

미국으로 망명한 사람으로 고학으로 대학을 마치고 히브리어 학자가
된 사람이다. 그는 중세 히브리어에 관한 연구를 하여 탁월한 히브리어
문법학자가 되었고 미국에서 가장 오래된 사범학교인 그라츠 칼리지
에서 45년간 교수로 생활하다 은퇴했다. 촘스키가 일찌감치 언어학자
로 성공하게 된 계기는 아버지 윌리엄 촘스키의 영향이 크다.

어머니 엘시는 촘스키가 사상가, 교육자, 운동가로 성장하는 데 아
버지 못지않게 중요한 역할을 했다. 그녀는 예민한 정치적 감각으로 촘
스키가 아주 어렸을 때부터 눈앞에 보이는 사회적 상황을 뛰어넘어 정
치적 활동과 참여의 영역을 꿰뚫어볼 수 있도록 격려해주었다.

아버지 윌리엄 촘스키는 타계하기 전에 자신이 살아온 인생 목표를
말한 적이 있다. 그가 말한 인생의 목표를 들어보자.

> 성실하고 자유롭게 그리고 독립적으로 사고하는 인간, 세상을 개선하
> 고 승화시키는 데 관심 있는 인간, 인간의 삶을 좀 더 의미 있고 가치 있
> 게 만드는 일에 참여하는 인간, 이런 인간을 가르치는 것이 나의 인생의
> 최대 목표였다. 『촘스키, 끝없는 도전』, 27쪽

촘스키의 친구이자 그의 선집을 엮은 오테로는 이 부분에서 이렇게
말한다. "윌리엄 촘스키는 적어도 한 가지 점에서는 그 목표를 달성하는
데 성공했다. 바로 자신의 아들 노엄 촘스키를 그렇게 교육했다."(『촘스
키, 사상의 향연』, 29쪽) 내가 보기엔 윌리엄 촘스키는 더 큰 성공을 거두었
다. 촘스키에 대한 교육이 그것으로 끝난 것이 아니라 아버지 촘스키가
원했던 그런 인간이 아들 촘스키에게서 그대로 나타났으니 말이다.

두 번째는 촘스키의 어린 시절의 교육이다. 촘스키의 오늘을 만든 것은 그의 유년시절의 독특한 교육이 큰 영향을 끼친 것으로 보인다. 윌리엄 촘스키는 아들을 필라델피아에 있는 템플 대학이 운영하는 오크레인 컨트리데이 스쿨로 보낸다. 이곳은 당시 듀이의 교육철학을 철저히 따르는 학교로 유명했다. 교육이란 자아실현의 기회를 제공하는 것이지 경쟁을 하는 것이 아니라는 것이다. 촘스키는 당시를 이렇게 회고한다.

> 적어도 아이들은 이런 생각을 가지고 있었습니다. 즉, 경쟁이란 것이 있다면 그것은 곧 자신과의 경쟁이라는 것이죠. 나는 무엇을 할 수 있을까를 생각하는 겁니다. 그것 때문에 긴장을 하거나 상대적으로 평가받는다는 느낌은 전혀 없었습니다. 『촘스키, 끝없는 도전』, 35쪽

오크레인 시절 촘스키는 여러 가지 활동을 하는데 그중에서 기억에 남는 것은 학교신문에 글을 쓰는 것이었다. 열 번째 생일이 지난 직후 그가 쓴 글이 스페인 내전으로 바르셀로나가 함락당한 사건에 대한 논설이었다. 당시 그 사건은 그의 삶에서 아주 중요한 문제라고 그는 회상한다. 열 살에 스페인 내전에 관한 논설을 쓰다니! 우리로선 깜짝 놀랄 일이다.

하지만 촘스키는 고교시절에 유년시절과 다른 교육환경에 빠지는데 그것은 지우고 싶은 과거가 되었다. 그가 다닌 학교는 필라델피아의 센트럴 하이스쿨인데 이곳은 높은 학업 성취도를 자랑으로 여기는 명문 고교였다. 하지만 촘스키는 여기에서 다른 학생들보다 우수한 성적을

거두지만 회의에 빠지기 시작한다. 경쟁교육에 의문을 던진 것이다.

하나의 에피소드가 학교 축구팀 응원과 관련된 문제였다. 그는 이렇게 회상한다.

왜 나는 우리 학교의 축구팀을 응원하고 있는가? 사실 아무도 아는 사람이 없고, 그들도 나를 모른다. 나는 그들에 대해 관심도 없고, 이 학교를 싫어한다. 그런데 왜 내가 학교의 축구팀을 응원하고 있는가? 하지만 우리는 그런 식으로 행동합니다. 그렇게 하도록 훈련받았으니까요. 우리 몸속에 그렇게 배어 있는 겁니다. 이것이 곧 맹목적인 애국심과 복종으로 발전하게 되지요. 『촘스키, 끝없는 도전』, 45쪽

이런 그이기에 촘스키는 평생 편을 갈라 응원하는 것에는 흥미를 갖지 못했다. 이처럼 촘스키가 생각하는 교육의 최대 문제는 학생들의 동

기 결여가 아니라 교육체계의 모든 단계에서 그들의 동기를 짓누르는 억압적인 교육구조였다. 그에게 있어 좀 더 좋은 교육이란 사람을 자유롭게 놓아두는 것이다. 동기를 부여하여 교육을 받는 사람이 무엇인가를 선택해가는 것이 교육의 핵심이 되어야 한다. 그래야 자유롭게 생각하는 독립적인 인간이 탄생하는 것이다.

버트런드 러셀과 촘스키

촘스키를 이해하는 데 있어 버트런드 러셀을 아는 것은 필수적이다. MIT 연구실의 촘스키 연구실에는 러셀의 대형 포스터가 있다. 그리고 러셀의 평생의 좌우명이었던 그의 세 가지 열정('제1강 훌륭한 삶은 어떤 것인가' 참고)이 쓰여 있다. 그러니 러셀의 좌우명이 촘스키의 좌우명이기도 한 것이다.

바스키는 러셀의 영향을 촘스키의 전기에 다음과 같이 소개한다.

> 러셀은 촘스키에게 큰 영감을 주었다. 첫째, 그는 철학과 논리학에서 촘스키의 사고에 지대한 영향을 미쳤고, 둘째, 촘스키와 마찬가지로 민중해방의 대의명분에 깊은 사명감을 가지고 있었다. 셋째, 그는 학자로서 대학세계에 깊이 관여했던 동시에 억압받는 하층민을 위해 일선에서 행동했으며, 넷째, 자신의 명성이나 자유가 위태로워지는 경우에도 자신의 신념을 견지했다. 『촘스키, 끝없는 도전』, 59~60쪽

아인슈타인과 버트런드 러셀

아마도 촘스키는 어린 시절부터 러셀을 자신의 롤 모델로 설정했음이 분명하다. 그랬기에 그는 평생 러셀처럼 살고자 했다. 젊은 시절 순수한 학자 ― 러셀은 수학자, 촘스키는 언어학자 ― 에서 인생을 시작했으나 결국 행동하는 지식인으로서 사회운동가가 되었으니 말이다.

촘스키가 러셀을 얼마나 존경하고 닮고자 하는지는 그가 러셀과 동시대 인물인 아인슈타인을 비교한 다음 말에서도 그대로 들어나 있다.

대략 같은 세대에 속하는 두 거인인 러셀과 아인슈타인을 비교해봅시다. 그들은 인류가 중대한 위험에 직면했다는 것에는 의견을 같이했지만, 대응 방식은 서로 달랐습니다. 아인슈타인의 경우, 프린스턴 대학에서 비교적 안락한 생활을 하면서 자신이 사랑하는 연구에 몰두하고, 간혹 엄숙하게 한마디씩 던지는 것이 전부였지요. 반면에 러셀은 데모를 주동하고, 경찰에게 끌려가기도 했으며, 당대의 문제에 관해서 평범하게 글을 쓰거나, 전범들에 대한 재판을 조직하기도 했습니다. 결과는 어떻습니까? 러셀에게는 그때나 지금이나 욕설과 비난이 쏟아지는 데 반해, 아인슈타인은 성인으로 추앙받고 있습니다. 이것이 과연 놀라운 일일까요? 전혀 그렇지 않습니다. 『촘스키, 끝없는 도전』, 60~61쪽

촘스키는 결코 아인슈타인이 될 생각이 없는 사람이다. 러셀의 뒤를 밟을 뿐이다. 비록 그에게 러셀과 같은 욕설과 비난이 쏟아지더라도 그것을 회피하지 않겠다는 말이다.

촘스키와 리영희

촘스키를 생각할 때마다 우리에겐 어떤 인물이 있는가 생각해본다. 정확히 떠오르는 인물이 있다. 바로 작년에 타계한 리영희 선생이다. 선생이야 말로 한국의 촘스키다. 그의 지식인의 책무에 대한 인식은 촘스키의 지식인의 책무와 너무나 흡사하다. 그가 마지막으로 남긴 책인 『대화』에 나오는 이 부분을 읽어보자.

나의 삶을 이끌어준 근본이념은 자유와 책임이었다. 인간은 누구나, 더욱이 진정한 '지식인'은 본질적으로 '자유인'인 까닭에 자기의 삶을 스스로 선택하고, 그 결정에 대해서 '책임'이 있을 뿐만 아니라 자신이 존재하는 '사회'에 대해서 책임이 있다는 믿음이었다. 이 이념에 따라, 나는 언제나 내 앞에 던져진 현실 상황을 묵인하거나 회피하거나 또는 상황과의 관계설정을 기권으로 얼버무리는 태도를 '지식인'의 배신으로

경멸하고 경계했다. 『대화』, 서문

리영희 선생은 지식인 개인의 자유를 생명보다 귀하게 여겼고, 이런 자유를 누릴 수 있는 지식인의 사회적 책무를 엄중한 도덕적 명령으로 받아들였다. 우리에게도 이런 사상의 은사가 있었음에 다시 한 번 감사하는 마음을 갖지 않을 수 없다.

노엄 촘스키는 누구인가

아브람 노엄 촘스키(Avram Noam Chomsky)는 1928년 미국 필라델피아에서 아버지 윌리엄 예브 촘스키와 어머니 엘시 시모노프스키 사이에서 태어났다. 그는 유태인 가정의 일반적인 교육과도 달리 특별한 부모에 의해, 특별한 교육을 받았다.

촘스키는 펜실베이니아 대학 시절 언어학 교수인 젤리그 해리스의 영향으로 언어학을 공부하게 되었고, 1955년 같은 대학에서 박사학위를 취득했다. 그는 생성문법 이론과 보편문법 이론으로 1960년대 이후 학계로부터 폭넓은 명성을 얻게 되었다. 특히 그는 생성문법 이론을 인지과학 분야로 확대해 연구했고, 20세기 후반 이 분야를 연구하는 학자들이라면 누구라도 그에게 특별한 지적 빚을 지지 않은 사람이 없을 정도이다.

그는 29세라는 이른 나이에 매사추세츠 공과대학(MIT)의 부교수에 임명되었고, 그 이후 유성처럼 빠르게 교수로 승진한다. 32세에 정교수가 되었으며 37세에는 석좌교수직에 올랐고, 47세에는 가장 탁월한 교수에게 주어지는 영예인 인스티튜트 프로페서에 임명되는 영광을 누렸다.

그는 어릴 때부터 정치에 깊은 관심을 가졌기에 언어학자라는 틀 속에 자신을 가두지 않고 살아왔다. 1960년대부터 수많은 저술과 비평을 통해 자신의 정치적 견해를 표출하며 세계 도처에서 자행되는 강대국의 폭력과 인권유린을 고발함으로써 '세계의 양심'이라는 평가를 받아왔다. 이로 인해 그는 논란에 휩싸이기도 했고 우상화되기도 했다. 또한 논쟁과 체포와 중상모략이 그에게 끊임없이 가해졌고, 그의 글은 검열을 당하기도 했다.

그에 대한 평가는 다양하지만 그의 전기를 쓴 로버트 바스키는 그에 대해 이 시대에 사람들이 위인을 이야기할 때 갈릴레오, 데카르트, 뉴턴, 모차르트 또는 피카소를 이야기한다면, 미래에는 촘스키를 이야기할 것이라고 했다. 그는 인문사회과학 분야뿐만 아니라 과학 분야에 이르기까지 가장 학문적으로 인용되는 사람이기도 하다. 1980년부터 1992년까지 인문예술 인용지수에서 4,000회를 기록했을 뿐만 아니라, 마르크스와 프로이트를 비롯하여 가장 자주 인용되는 인물 리스트에도 여덟 번째 순위에 올라 있다. 과학 인용지수(SCI)에 따르면 1974년부터 1992년까지 1,619회 인용된 것으로 나타났다.

한마디로 촘스키는 이 시대의 언어학자, 인지과학자, 기초과학자, 철학자, 정치사상가, 사회운동가 등등 실로 다양한 영역에서 언제나 논쟁의 중심이 된 인물이다. 그가 왕성한 활동을 한 20세기 후반은 촘스키의 시대라고 해도 과언이 아닐 듯싶다.

독서하는 버릇에 대하여

글을 마치면서 한 가지 이야기를 더 해야겠다. 독서하는 버릇에 대해서이다. 책머리에서 나는 '배우고 실천하는 즐거움'을 이야기했다. 이것을 가능케 하는 것이 독서다. 그러니 배우고 익히는 즐거움은 독서의 즐거움에서 온다고 해도 과언이 아니다. 그런데 사람들 중 이 즐거움을 느끼며 사는 이가 대단히 적다. 왜 그럴까. 이 즐거움은 다른 즐거움과 달리 일정한 훈련 과정이 필요하기 때문이다. 따라서 그 과정을 거치지 않은 사람들은 영원히 이 즐거움을 맛보지 못한다. 책 한 권 제대로 읽지 못하고 세상을 떠난다는 말이다.

독서의 즐거움을 알려면 어린 시절부터 버릇을 들여야 한다. 많은 분들에게 혹시 상처가 될 말일지 모르지만, 자식의 공부 버릇, 독서 버릇은 부모의 책임이 크다. 자식으로서는 부모를 잘 만나야 한다는 말이다. 돈 많은 부모를 만나기보다 독서의 중요성을 아는 부모, 독서의 즐거움을 아는 부모를 만나야 한다. 『자유론』을 쓴 존 스튜어트 밀을 알 것이다. 내가 무척이나 존경하는 인물이다. 그런데 이런 세기의 석학이 탄생하는 데는 그의 아버지 제임스 밀이 있었기에 가능했다. 그는 자신의 그 바쁜 저술 작업 중에도 자식의 교육을 도맡아 학교에도 보내지 않고 스스로 영재교육을 시켰고, 그로 말미암아 후일 아버지를 능가하는 대사상가 존 스튜어트 밀이 탄생했다. 우리가 아는 공리주의 철학가 제러미 밴담, 경제학자 리카도 등이 존 스튜어트 밀이 어린 시절 아버지를 통해 무시로 만난 인물들이다. 정말 아버지를 잘 만난 케이스다.

또 한 인물이 생각난다. 국내외적으로 저명한 이론물리학자 장회익 선생이다. 이 분은 서울대 물리학과 교수로 정년퇴직을 하신 분인데 자타가 공인하는 공부광이다. 본인은 그런 자신을 공부도둑이라 부른다. 물리학 교수님이 동서양의 철학을 꽤 뚫고 과학과 인문학을 넘나드는 수준이 최고봉에 이른 분이다. 이 분이 최근 자신의 자서전 격의 책을 한 권 냈는데 『공부의 즐거움』이라는 책이다. 이 책을 통해 그가 어떻게 공부의 즐거움을 갖게 되었는지 자신의 과거를 잔잔하게 회상한다.

장회익 선생은 결코 부잣집 도련님이 아니었다. 교육에 관심 없는 조부님 탓에 초등학교도 제대로 마치지 못한 채 어린 시절을 보냈다. 그런데도 이 분은 어린 시절부터 끊임없는 호기심과 그것을 채우려는 앎에 대한 욕구가 누구보다 강했다. 어떻게 그럴 수 있었을까. 그는 그 이유 중 하나를 책 읽는 부모님에게로 돌렸다. 그의 부모님은 비록 고등교육을 받지는 못한 분들이었지만 언제나 책을 읽는 분들이었다고 한다. 그 틈에서 물리학자이자 공부도독 장회익이 탄생했다는 말이다. 그렇다. 부모가 된 자로서 자식에게 돈을 물려줄 수 없다면 이런 것이라도 물려주어야 하지 않겠는가. 나는 그것이 자식에게 주는 최고의 유산이라고 생각한다.

그러면 책 읽지 않는 부모를 만난 사람들은 어떻게 해야 하나. 너무 서글프게 생각하지 말라. 내가 바로 그런 처지에서 자란 사람이니. 나의 부모님을 욕되게 하는 것 같아 죄송하지만 그래도 이야기해야겠다. 나는 어릴 때 부모님으로부터 책을 읽어야 한다느니, 책에서 지혜를 찾을 수 있다느니 하는 말씀을 들어본 적이 없다. 집안에 읽어볼 만한 책을 구경 한 번 못해본 채 어린 시절을 보냈다. 내가 초등학교 시절, 아니 중학교 이후에도 집에서 공부를 하는 동안에는 교과서 이외의 책을 제대로 읽어본 기억이 없다. 그런 사람이 지금 대학교수가 되었다. 그것도 누구보다 독서를 중시하는 사람이 되어 있다. 내가 생각해보아도 기적 같은 이야기다.

나는 환경을 딛고 독서에 매진한 사람이다. 어떻게 이것이 가능했을까. 곰곰이 생각하면 환경은 사람이 가지고 있는 본능을 자극하는 것이기는 하지만 결정적인 요소는 아니다. 특히 지식을 추구하는 것은 환경도 좋아야 하지만 본인의 의지가 더욱 중요하다. 지식 추구의 의지가 강한 사람이 좋은 환경을 만났다면 한마디로 금상첨화겠지만 어찌 세상에 그런 사람이 많을 수가 있겠는가. 환경이 좋으면 의지가 약하고, 의지가 강하면 환경이 좋지 않은 법이다. 이것이 인생사다. 그러니 어린 시절의 공부 환경, 독서 환경이 좋지 못한 사람이라도 결코 실망하지 말 것이다. 자신의 의지만 있다면 이것은 충분히 극복하고 언젠가는 독서의 즐거움을 마음껏 맛볼 수 있으니 말이다.

그런 면에서 나는 의지가 강한 사람이다. 책머리에서 말한 것처럼 나는 누구보다 호기심이 많았다. 모르는 것이 나오면 그것을 알지 않고서는 잠을 잘 수가 없었다. 그것은 지금도 마찬가지다. 그러니 내 스스로 인생을 살아갈 수 있을 때가 오니 자연스럽게 독서를 하게 되었다. 어린 시절 하지 못한 것을 보상이라도 하듯이 더욱 열심히 했다. 대학 시절은 고시 공부 때문에 다양한 독서를 하기는 어려웠다. 하지만 이 기간이 지나고부터 독서에 탄력이 붙었다. 아마도 내가 가장 열심히 독서를 한 것은 군대에 있었을 때라고 생각한다. 나는 3년간 정훈장교로 근무를 했는데 주 임무가 장교와 사병에게 이념교육을 시키는 것이었다. 1980년대 후반 우리나라 정치가 한참 어려웠을 때 이 직책은 고역이었다. 하지만 전화위복인지 그 시절 나는 대학시절 읽지 못한 온갖 이념서적을 읽었다. 불온서적이라는 것도 이념교육 장교라는 덕분에 제한 없이 읽었다. 지금 생각하면 나는 대한민국 군대에 큰 혜택을 입은 사람이다. 여한 없이 독서를 할 수 있게 해주었고, 그것이 어쩌면 내가 오늘 이 같은 책을 쓰게 된 계기가 되었으니 말이다.

나는 군대를 제대하고 20여 년을 변호사로 일해 왔다. 그 사이에 국가기관(국가인권위원회)에서 공무원으로 잠시 일했다. 참으로 바쁜 생활이었다. 그렇지만 한 시도 책을 손에서 뗀 적은 없다. 물론 전문영역의 책을 주로 보아왔지만 틈틈이 교양 쌓는 일에도 등한히 하지 않았다. 전문영역에서 일을 하다 보니 사람들의 지적 정도를 판단하는 일에 능하게 되었다. 내 경험으로 지적으로 가장 닮고 싶은 사람은 전문영역의 전문가이면서도 교양이 풍부한 사람이다. 요즘 세상에 전문가는 웬만하면 되는데, 여기에 교양까지 풍부한 사람은 대단히 드물다. 그러나 지적인 즐거움을 큰 즐거움으로 아는 사람이라면, 그것을 인생의 중요한 가치관으로 삼는 사람이라면, 무릇 그런 정도의 포부를 가져야 한다. 그래야 세상 사람들과 제대로 된 대화를 할 수 있는 것이다.

전문영역에 종사하면서 독서의 즐거움을 갖고 사는 것은 생각보다 쉽지 않다. 절대적으로 시간이 부족하다. 그러나 가능하다. 독서하는 버릇만 키울 수 있다면 말이다. 제일 중요한 것이 몸에 밴 습관이다. 독서하는 습관이 몸에 배면 의외로 시간은 많다. 출퇴근 전철 내에서, 용변 보는 화장실 내에서도 독서는 가능하다(물론 의사들은 화장실에서 독서하는 것은 좋지 못한 용변 습관이라 할 것이라 하지만). 그러니 문제는 독서하는 버릇이다. 그리고 그것을 갖기 위해서는 의문을 품어야 한다. 그것을 품고 그것을 푸는 것에서 즐거움을 느껴야 한다. 그게 바로 내가 지난 30년 간 터득한 독서의 비법이고 즐거움의 원천이다.

그런데 독서의 버릇을 들이는 데 한 가지 암초가 있다. 책 자체의 문제이다. 우리나라 인문학 서적 중 태반이 외국 서적을 번역한 것인데 그것을 이해하기가 너무나 어렵다는 사실이다. 그 책이 탄생한 본국에서도 그 서적들은 어려울 수 있는데 이게 번역의 과정을 통해 더 한층 어려워진 것이다. 나는 솔직히 우리나라에 번역되어 있는 대부분의 고전을 술술 읽어본 적이 없다. 한 가지 분명한 것은 내가 공부한 법학서적 어느 것보다 고전의 반열에 있는 철학서적 한 권 읽기가 어렵다는 사실이다. 아마 이 책을 읽은 독자들도 유사한 경험을 했으리라 믿는다. 처음에는 책이 이렇게 어려운 것이 나의 무능에 기인했다고 생각했다. 그러나 지금은 그렇게 생각하지 않는다.

연전에 ≪교수신문≫에서 최고의 고전을 선정하여 사계의 전문가로 하여금 번역의 문제점을 점검한 연재기사가 있었다. 이 기사에 의하면 우리나라에서 번역된 고전 대부분이 제대로 번역된 것이 없다는 것이다. 한마디로 번역이 엉망이라는 말이다. 그러니 책이 이해가 안 된다고 자신을 학대하지 말 것이다. 이런 상황에서 내가 터득한 지혜는 꼭 읽을 책을 선정하되, 그것이 외서인 경우는 가급적 최고의 번역서를 찾아 읽는다는 것이다. 그런 책만 골라서 읽어도 평생 읽기가 어려울 정도로 많다. 굳이 이해가 안 되는 책을 가지고 밤을 새울 일은 아니다. 독서에 좋은 버릇이 있는 사람들도 이렇게 책을 읽다가는 인내에 한계가 와 그 버릇이 눈 녹듯이 사라질 위험이 있다.

독자들이여, 부디 좋은 독서 버릇을 키우시라. 그리하여 아침저녁 붐비는 전철 내 이곳저곳에서 조그만 문고판 책을 열심히 읽는 대한민국 사람들을 많이 볼 수 있는 그 날을 고대하자.

이 책에 등장하는 명저

제1강

『결혼과 성: 교양인이 알아야 할 흥미진진하면서도 유익한 성담론』. 버트런드 러셀 지음.
    김영철 옮김. 간디서원. 2004.

『나는 왜 기독교인이 아닌가』. 버트런드 러셀 지음. 송은경 옮김. 사회평론. 1999.

『러셀 자서전(상, 하)』. 버트런드 러셀 지음. 송은경 옮김. 사회평론. 2003.

『서양철학사』. 버트런드 러셀 지음. 서상복 옮김. 을유문화사. 2009.

『행복의 정복』. 버트런드 러셀 지음. 이순희 옮김. 사회평론. 2009.

제2강

『시민의 불복종』. 헨리 데이비드 소로 지음. 강승영 옮김. 이레. 1999.

『월든』. 헨리 데이비드 소로 지음. 강승영 옮김. 이레. 1993.

제3강

『(사람이 알아야 할 모든 것) 생각의 역사 1: 불에서 프로이트까지』. 피터 왓슨 지음. 남경
    태 옮김. 들녘. 2009.

『(사람이 알아야 할 모든 것) 생각의 역사 2: 20세기 지성사』. 피터 왓슨 지음. 이광일 옮
    김. 들녘. 2009.

『(반 룬의) 예술사: 사람이 알아야 할 모든 것』. 헨드리크 빌렘 반 룬 지음. 남경태 옮김. 들
    녘. 2008.

『거의 모든 것의 역사』. 빌 브라이슨 지음. 이덕환 옮김. 까치글방. 2003.

『이기적 유전자: 진화론의 새로운 패러다임』. 리처드 도킨스 지음. 홍영남 · 이상임 옮김.
    을유문화사. 2010.

『철학: 사람이 알아야 할 모든 것』. 남경태 지음. 들녘. 2007.

『통섭: 지식의 대통합』. 에드워드 윌슨 지음. 최재천 · 장대익 옮김. 사이언스북스. 2005.

제4강

『정의론』. 존 롤즈 지음. 황경식 옮김. 이학사. 2003.

『정의란 무엇인가』. 마이클 샌델 지음. 이창신 옮김. 김영사. 2010.

제5강

『(에밀 뒤르켐의) 자살론』. 에밀 뒤르켐 지음. 황보종우 옮김. 청아출판사. 2008.

『뒤르켐 & 베버: 사회는 무엇으로 사는가?』. 김광기 지음. 김영사. 2007.

『사회학적 방법의 규칙들』. 에밀 뒤르켐 지음. 윤병철 · 박창호 옮김. 새물결. 2001.

제6강

『거대한 전환: 우리 시대의 정치 · 경제적 기원』. 칼 폴라니 지음. 홍기빈 옮김. 길. 2009.

『그들이 말하지 않는 23가지: 장하준, 더 나은 자본주의를 말하다』. 장하준 지음. 김희정 ·
　　　안세민 옮김. 부키. 2010.

제7강

『감시와 처벌: 감옥의 탄생』. 미셸 푸코 지음. 오생근 옮김. 나남출판. 1994.

『푸코 & 하버마스: 광기의 시대, 소통의 이성』. 하상복 지음. 김영사. 2009.

제8강

『권위에 대한 복종』. 스탠리 밀그램 지음. 정태연 옮김. 에코리브르. 2009.

『예루살렘의 아이히만: 악의 평범성에 대한 보고서』. 한나 아렌트 지음. 김선욱 옮김. 한길
　　　사. 2006.

제9강

『사상의 자유의 역사: 사상의 자유를 획득하기 위해 기성의 권위와 맞서 싸웠던 사상가들
　　　의 투쟁과 저항의 기록』. 존 B. 베리 지음. 박홍규 옮김. 바오. 2005.

『도올의 도마복음한글역주』. 김용옥 지음. 통나무. 2010.

제10강

『동물해방』. 피터 싱어 지음. 김성한 옮김. 인간사랑. 2002.

제11강

『낭만적인 고고학 산책』. C. W. 세람 지음. 안경숙 옮김. 대원사. 1994.

『아는 만큼 보이고 보는 만큼 느낀다: 유럽 미술관 산책』. 최영도 지음. 기파랑. 2011.

『앙코르 · 티베트 · 돈황: 최영도 변호사의 세계문화유산기행』. 최영도 지음. 창비. 2003.

제12강

『공감의 시대』. 제러미 리프킨 지음. 이경남 옮김. 민음사. 2010.

『노동의 종말』. 제러미 리프킨 지음. 이영호 옮김. 민음사. 2005.

『소유의 종말』. 제러미 리프킨 지음. 이희재 옮김. 민음사. 2001.

『수소 혁명: 석유 시대의 종말과 세계 경제의 미래』. 제러미 리프킨 지음. 이진수 옮김. 민
       음사. 2003.

『엔트로피』. 제레미 리프킨 지음. 이창희 옮김. 세종연구원. 2000.

『유러피언 드림: 아메리칸 드림의 몰락과 세계의 미래』. 제러미 리프킨 지음. 이원기 옮김.
       민음사. 2005.

『육식의 종말: 인류의 육식 문화에 던지는 경고장』. 제레미 리프킨 지음. 신현승 옮김. 시
       공사. 2002.

제13강

『새로운 과학과 문명의 전환』. 프리초프 카프라 지음. 구윤서 · 이성범 옮김. 범양사. 2007.

제14강

『생명의 지배영역: 낙태, 안락사, 그리고 개인의 자유』. 로널드 드워킨 지음. 박경신 · 김지
       미 옮김. 이화여자대학교 생명의료법연구소. 2008.

제15강

『오주석의 한국의 美 특강』. 오주석 지음. 솔출판사. 2003.

『(오주석의) 옛 그림 읽기의 즐거움(1, 2)』. 오주석 지음. 솔출판사. 2005~2006.

『그림 속에 노닐다: 오주석 讀畵隨筆』. 오주석 지음. 오주석 선생 유고 간행위원회 엮음. 솔
　　　출판사. 2008.

『로마인 이야기, 10권: 모든 길은 로마로 통한다』. 시오노 나나미 지음. 김석희 옮김. 한길
　　　사. 2002.

제16강

『지식인의 책무』. 노암 촘스키 지음. 강주헌 옮김. 황소걸음. 2005.

『촘스키, 끝없는 도전』. 로버트 바스키 지음. 장영준 옮김. 그린비. 1999.

『촘스키, 사상의 향연』. 노엄 촘스키 지음. C. P. 오테로 엮음. 이종인 옮김. 시대의창.
　　　2007.

『대화: 한 지식인의 삶과 사상』. 리영희 지음. 한길사. 2006.

지은이 소개

지은이 박찬운은 현재 한양대 법학전문대학원의 인권법 교수이자 변호사이다. 한양대 법과
대학을 졸업하고(법학사) 미국 노트르담 대학에서 국제인권법을 공부했으며(법학석사) 고려
대에서 국제법으로 법학박사를 취득했다. 법과대학 재학 중 제26회 사법시험(1984년)에 합
격하여 20여 년간 변호사로서 활동했다. 그 기간 중 '민주사회를위한변호사모임'에서 주로
국제인권 활동을 했고, 대한변호사협회 및 서울지방변호사회에서 인권위원회 부위원장과
국제이사 등으로 일했다. 2005년 국가인권위원회 인권정책국장으로 임명되어 사형제 폐지
및 양심적 병역거부 등 인권위가 권고한 주요 인권정책의 입안에 앞장섰다. 2006년 가을,
20여 년의 긴 준비를 마치고 모교인 한양대 법과대학의 교수가 되었다. 주요 저서로는『국
제인권법』,『인권법』및『보편적 관할권과 국제범죄』(2010년 대한민국 학술원 우수도서)
등이 있다.

이 시대에 읽어야 할 명저 강의

책으로 세상을 말하다

ⓒ 박찬운, 2011

지은이 ∣ 박찬운
펴낸이 ∣ 김종수
펴낸곳 ∣ 도서출판 한울
편집책임 ∣ 김현대

초판 1쇄 발행 ∣ 2011년 7월 20일
초판 2쇄 발행 ∣ 2012년 2월 10일

주소 ∣ 413-756 파주시 문발동 535-7 302(본사)
　　　 121-801 서울시 마포구 공덕동 105-90 서울빌딩 1층(서울 사무소)
전화 ∣ 영업 02-326-0095, 편집 031-955-0606, 02-336-6183
팩스 ∣ 02-333-7543
홈페이지 ∣ www.hanulbooks.co.kr
등록 ∣ 1980년 3월 13일, 제406-2003-051호

Printed in Korea.
ISBN 978-89-460-4469-2 03300

* 가격은 겉표지에 표시되어 있습니다.